„Der Tod ist nicht das Ende, sondern der Anfang eines neuen Lebens!"

Einleitung

Zeichen aus dem Jenseits. Für uns Menschen kaum vorstellbar, dass es so etwas geben könnte. In meinem Buch möchte ich euch aufzeigen, dass Verstorbene nach dem Tod weiterleben. Eine sehr persönliche und wahre Geschichte meines Vaters. Im Juni 2013 erkrankte er an Bauchspeicheldrüsenkrebs. Eine furchtbare Diagnose, die uns alle hart getroffen hat. Die Prognosen bei so einer Erkrankung stehen sehr schlecht. Er hat sechs Jahre gekämpft, um jede Minute noch bei seiner Familie zu sein. Wir alle wussten dass er unheilbar krank ist und dass der Tag kommen wird, wo er für immer gehen muss. Ich habe in all den Jahren versucht dies immer zu verdrängen. Vor dem Tod hatte ich große Angst. Ich sah ihn als meinen Feind an. Im August 2019 schloss er dann für immer seine Augen in Österreich. Sein letzter Urlaub in seinem geliebten Kärnten. Diese Hürde hat er auf sich genommen, um die Berge noch einmal zu sehen. Ein Kämpferherz hörte für immer auf zu schlagen. Nun saßen wir da mit unserem Scherbenhaufen. Jeder hatte dieses Bild vor Augen: nun ist alles für immer vorbei. Keine gemeinsamen Erlebnisse, kein Lachen, keine Gespräche mehr. Einfach nichts mehr so wie es war. Nach seinem Tod nahm ich meinen ganzen Mut zusammen und befasste mich mit dem Thema: Ein Leben danach. Ungläubig ging ich an die ganze Sache heran. Ich bin von Beruf Krankenschwester, und habe in meiner Laufbahn schon viele Menschen verloren. Das Thema

Sterben und Tod, habe ich aber immer bei Seite geschoben. Ich wollte den nötigen Abstand dazu haben. Es kostete mich daher besonders viel Überwindung mich nun damit zu befassen. Ein Elternteil zu verlieren ist eine sehr schmerzliche Erfahrung, die wir leider alle durchleben müssen. Es ist schwer sich auf etwas zu konzentrieren, wenn das Herz sich dagegen sträubt.

Mit dem Gedanken: „Ich habe nichts zu verlieren", befasste ich mich intensiv mit dem Thema: ein Leben danach. Meine Recherchen ergaben, dass weltweit Phänomene auftreten, für die es einfach keine wissenschaftliche Erklärung gibt. Ich gebe zu, dieses Thema war sehr interessant und ich änderte meinen Blickwinkel. Ich musste mir eingestehen, dass der Tod für mich so langsam zu einem Freund wurde. Mein Wissen trug ich nun an meine Familie weiter. Jeder nahm es unterschiedlich auf. Der eine hörte gespannt zu, der andere trat dem ganzen mit Skepsis entgegen. Im Laufe der Zeit aber bekamen wir auf einmal **alle** auf unterschiedlichste Art Lebenszeichen von meinem Vater. Die Trauer wurde erträglicher. Wir lernten wieder zu lachen und hatten Freude am Leben. Ich fing an alles aufzuschreiben, denn **das** muss man einfach für die Ewigkeit festhalten. Ich tauchte ein in die Autorenwelt. Eine spannende Sache. Im Februar 2020 schickte ich mein erstes kleines Taschenbuch auf Reisen. **„Die Liebe zur Familie stirbt nie."** Ein kleiner Ratgeber der helfen soll bei der Bewältigung der Trauer. Viele Hinweise, die mein Vater für uns hinterlegt hat, um uns zu zeigen, „Hey, ich lebe noch.“Dieses Buch widmete ich ihm. Er hat mit mir gemeinsam jede einzelne Zeile geschrieben. Eine persönliche wahre Geschichte nach seinem Tod.

Kurzer Zeit später kontaktierte mich ein ehemaliger Polizist, der meinen Band gelesen hatte. Er ist spirituell sehr begabt und sagte mir, „Man hat mir die Feder in die Hand gelegt, um zu schreiben.“ Wer hätte das jemals gedacht, dass aus mir mal eine kleine Hobbyautorin wird mit einem großen Auftrag im Gepäck. Menschen zu helfen bei ihrer Trauer. Das ist gar nicht so einfach. Das Thema Tod, ist unserer Gesellschaft ein Tabuthema. Aber in mir steckt ein wenig der Kampfgeist. Die Gene habe ich von meinem Vater. Mit seiner Hilfe und meinem Mut, habe ich es geschafft, diese zwei wunderbaren Bücher in die ganze Welt zu verschicken.

Und nun begeben wir uns auf eine außergewöhnliche Reise ins Jenseits.

Inhaltsverzeichnis

Wie ist das, wenn wir sterben? War´s das denn? Es gibt unheimlich viele Vorstellungen davon. Man hört oft die Aussage, dass es ja durchaus etwas Übernatürliches, etwas Höheres geben könnte. Fragt man nach einer Definition, wissen wir Menschen oft nicht so recht weiter. Wir verdrängen den Gedanken, an ein Leben nach dem Tod. Wenn etwas Unnatürliches passiert, suchen wir nach einer rationalen Erklärung. Aber ändern wir doch einfach mal unseren Blickwinkel. Was wäre wenn wir den Tod als besten Lehrer zu Lebzeiten nutzen würden? Wenn wir uns bewusst und klar machen jederzeit sterblich zu sein. Wir uns nicht scheuen, uns mit dem Tod zu beschäftigen. Denn sind wir doch mal ehrlich. Wenn wir morgen wüssten, dass unser Leben endet, würden wir heute anders handeln, entscheiden, wahrnehmen und lieben!

Kleine Kurzfassung

In meinem ersten Buch **„*Die Liebe zur Familie stirbt nie*“** habe ich euch in vielen Geschichten von meinem verstorbenen Vater erzählt. Die Frage „ist ein Leben danach möglich?“, konnte ich mit ja beantworten. Soviele verschiedene Varianten, wie sich Verstorbene bemerkbar machen können, um uns zu zeigen, dass sie nicht fort sind. Wir als gesamte Familie erlebten auf unterschiedliche Weise, außergewöhnliche Momente.

Eine Menge, von Zeichen aus dem Jenseits erreichten uns. Ich erzählte euch von ungewöhnlichen Spannungen, geistigen Verbindungen, unvergessenen Träumen usw. Am Ende kam eine ganze Menge zusammen. Das Resultat war für uns alle: Das Leben geht nach dem Tod weiter. Einiges hatte ich bewusst erstmal aufbewahrt mit dem Gedanken, vielleicht entsteht dadurch ein zweites Buch.

Besonderen Dank

Da ich sehr viele schöne positive Resonanzen von vielen Lesern bekommen habe, habe ich mich entschlossen dieses zweite Buch auf Reisen zu schicken. Ihr alle habt mir sehr viel Mut gemacht, und mir Kraft gegeben dieses Projekt weiter zu führen. Euch zu helfen bei eurem schmerzlichen Verlust. Ich möchte hiermit persönlich einmal **Danke** sagen. Bei jedem einzelnen, die mein erstes gelesen haben. Ihr habt mir immer wieder wundervolle Worte persönlich übermittelt. Auch eure positiven Kundenrezessionen, haben mich sehr glücklich gemacht. Ich war teilweise so sprachlos, und hätte nie damit gerechnet. Herzlichen Dank!

Und nun lasst uns alle einen Blick in die Welt unserer Liebsten werfen.

Der schmerzliche Verlust

Jeder von uns hat schon mal einen schmerzlichen Verlust erlitten, oder steckt gerade in so einer Situation. Das „Kartenhaus“ bricht zusammen. Nichts ist mehr so wie es war. Wir stecken so in unserer Trauer fest, weil unser Kopf denkt, mit dem Tod ist alles vorbei! Ich, habe einen geliebten Menschen verloren. In meinem Weltbild ist dies aber nicht so. Ich versuche es mal euch zu erklären. Ein Mensch verlässt nach seinem Tod seine irdische Hülle. Man muss sich das so vorstellen, wie ein Kleidungsstück. Eine Leihgabe. Das gilt für uns alle!

Nach dem das Kleidungsstück abgenutzt ist, ziehen wir es aus. Die Seele verlässt unseren Körper. Die Persönlichkeit und das Wesen leben aber weiter. Nun müssen beide Parteien anfangen zu lernen.

Als erstes der ***Hinterbliebene.*** Er muss nun lernen, dass es ein Leben nach dem Tod gibt. Verstorbene wahrnehmen und deren Zeichen richtig erkennen. Eine sehr schwere Aufgabe für jeden einzelnen. Und das noch in der Trauerphase. Das erschwert das Ganze natürlich, was ja auch verständlich ist. **Aber,** auf jeden Fall machbar.

Die nächsten die lernen müssen sind, die ***Verstorbenen***. Sie sind nun als feinstoffliche Energie unterwegs. Zeichen schicken für ihre Hinterbliebenen. Das ist für sie jetzt Priorität. Eine schwere Aufgabe. Die Fragen, die sie sich stellen sind z.B. wie schmeiße ich ein Bild um, wie störe ich Energie, wie platziere ich Gegenstände von A nach B usw. Aber glaubt mir, sie sind unheimlich erfinderisch.

Ein Zitat von Laozi:

„Lernen ist wie Rudern gegen den Strom. Hört man damit auf, treibt man zurück."

Ihr fragt euch sicher, warum befasse ich mich damit? Ganz einfach. Ich möchte euch gerne helfen bei eurer Bewältigung der Trauer, und euch zugleich die Ängste vor dem Sterben nehmen. Die Augen öffnen und euch zeigen, dass es ein Leben nach dem Tod gibt. Und nun lest selbst, was für wunderbare Hinweise unsere Liebsten hier auf Erden hinterlassen.

Aufmerksamkeit mal anders

Versetzen wir uns doch mal in die Lage eines Verstorbenen. Die Hinterbliebenen können ihn nicht sehen. Kein leichtes Spiel würde ich mal sagen. Erinnert euch an den Film **„Ghost!"** Was versuchte er nicht alles, um seiner Liebsten zu zeigen, „Hallo ich bin da!" Er hatte am Anfang große Schwierigkeiten Dinge zu bewegen. Da kann man als Seele schon mal verzweifeln. Und wenn man es dann geschafft hat, wird es noch nicht mal erkannt. Sehr traurig, oder?

Ein interessantes Erlebnis hatten meine Schwester und meine Mutter. Eine Woche nach dem Tod meines Vaters habe ich mich mit den beiden beim Bestatter verabredet. Einer der schwersten Gänge die man im Leben machen muss. Es ist mir so unfassbar schwer gefallen die Contenance zu bewahren. Aber wir alle drei haben diese Hürde gemeinsam gemeistert. Nach dem Termin beschlossen wir gemeinsam bei meiner Mutter noch einen Kaffee zu trinken. Ich fuhr mit meinem Auto vor. An einer Hauptkreuzung in der Stadt passierte dann folgendes bei den beiden Mädels im Auto. Die Linksabbiegerspur war gesperrt und nun versuchte meine Schwester auf die rechte Spur zu kommen. Beide waren voll konzentriert auf den Verkehr. Plötzlich fiel im Auto der Innenspiegel ab. Beide hatten sich erschrocken und guckten sich fassungslos an. Meine Mutter meinte darauf hin, „Das verstehe ich jetzt nicht. Der ist doch noch nie abgefallen." Ich stelle es mir gerade bildlich vor. Die Gesichter von den beiden. Als mir beide von dem Ereignis berichteten, musste ich herzhaft lachen. Und nun versetzen wir uns mal in die Lage meines Vaters. Wie er das wohl hinbekommen hat. Er war mit im Auto. Und hat es geschafft sich Aufmerksamkeit zu verschaffen. Das Faszinierende dabei ist, wie schnell er das erlernt hatte. Sechs Tage nach seinem Tod. Wie setze ich meine Energie ein, um mich bei meinen Hinterbliebenen bemerkbar zu machen? Hut ab. Da hat sich jemand sehr schnell in die neue Lage rein gefuchst.

Eine weitere Geschichte der Aufmerksamkeit erlebten meine Tochter und ich. Wir beide sind in der Feuerwehr engagiert. Ich betreue mit drei weiteren Mädels unsere Kinderfeuerwehr. Meine Tochter ist aktiv in der Jugendfeuerwehr tätig. Wir saßen in dem Zimmer meiner kleinen und bastelten aus Toilettenrollen Adventskalender. Es war schlechtes Wetter. Warum nicht die kostbare Zeit mit schönen Dingen nutzen? Im Hintergrund lief Musik. Plötzlich hörten wir beide ein lautes Geräusch. „Was war das jetzt Mama?“, fragte sie mich. Ich konnte mir das auch nicht erklären. Wir begaben uns beide auf die Suche nach der Antwort. Ein Zimmer weiter lag mitten vor der Tür ein Schraubenzieher. „Wie kommt der denn da hin?“, fragten wir uns beide. Wir haben ihn nicht mal angefasst geschweige denn waren wir in diesem Raum. Na, wer war das denn wohl? Na, klar mein Papa. Also entweder wollte er uns ein Zeichen schicken, weil wir so schön gebastelt hatten, oder weil er uns sagen wollte: Hey ich bin auch noch da. Seht hin. Mir ist langweilig. Wie man an beiden Geschichten hier erkennen kann sind sie sehr erfinderisch. Es ist sicher nicht immer ganz einfach. Aber sie geben alle nicht auf, um uns zu zeigen dass sie noch da sind. Auch unsere Liebsten müssen **„die Schulbank**“ drücken, um sich weiter zu entwickeln. Deswegen ist es wichtig, dass ihr Verständnis zeigt. Das nicht immer gleich alles so funktioniert, wie man es sich wünscht. Dies gilt für beide Parteien.

Geräusche

Kurz nach dem Tod meines Vaters saß meine Mutter in der Stube und schaute fern. Plötzlich hörte sie einen lauten Knall am Esszimmerfenster. Sie stand auf, um nach zu sehen. War es vielleicht ein Vogel? Kein Hinweis darauf, dass irgendetwas an die Scheibe geflogen ist. „Hm“, dachte sie sich, „Was war das nun?“ Mein Vater? So richtig deuten konnte sie es nicht. Nun muss ich dazu sagen, dass sie zu diesem Zeitpunkt noch nicht ganz vertraut war mit den Zeichen von Verstorbenen.

Eine weitere Geschichte passierte an einem anderen Tag. Meine Mutter ging jeden Morgen auf die Terrasse, um dort ihren Kaffee zu trinken. Meine Eltern haben eine Abtrennwand zum Nachbarn. Im oberen Bereich der Trennwand sind kleine Glasscheiben eingesetzt. Gedankenverloren schaute sie in den Garten. Mein Vater liebte diesen. Er war so glücklich über sein Zuhause. Plötzlich klopfte es mehrmals an einer der Scheiben. Meine Mutter stand auf, um nach zu sehen. Niemand war da. Sie freute sich so, und sagte, „Guten Morgen mein Schatz.“ Wie man sieht hat sie das Zeichen richtig erkannt. Verstorbene können sich in jeder Form von Geräuschen bemerkbar machen. Ob zu Hause oder unterwegs.

Die Fahrt nach Hause

An einem Donnerstag fuhr meine Mutter zu meiner Oma ins Heim, um sie zu besuchen. Bevor sie immer losfuhr sprach sie mit meinem Vater und bat ihn mit zu kommen. Ein wichtiger Ansatz: Einen Verstorbenen im Alltag mit einbinden. Das ist sehr wichtig, denn er nimmt jeden Tag an unserem Leben teil. Ihr glaubt gar nicht wie sich unsere Liebsten darüber freuen. Denn sind wir mal ehrlich vorher haben wir ja auch alles gemeinsam gemacht. Warum nicht auch nach dem Tod?

Auf dem Rückweg nach Hause, hörte meine Mutter ein Geräusch auf der Beifahrerseite. Es lässt sich schwer beschreiben. Sie fuhr rechts ran, um nachzusehen. Man muss alles genau recherchieren. Aber nein, es hatte alles seine Richtigkeit. Mein Vater hat sich in irgendeiner Form bemerkbar gemacht. Er war mitgefahren. Wie ihr seht, Geräusche können sehr vielfältig sein. Es ist keine leichte Aufgabe, diese richtig zu erkennen. Aber mit ein bisschen Geschick und Aufmerksamkeit bekommt ihr das alle hin. Davon bin ich fest überzeugt.

Das ungewöhnliche Verhalten eines Tieres

Wie ich euch schon schrieb sind unsere Liebsten als feinstoffliche Energie unterwegs. Sie sind in der Lage ein Tier zu leiten, um uns ein Zeichen zu schicken z.B. in Vögeln, Schmetterlingen, Hunden oder Katzen. Das Tier verhält sich sehr ungewöhnlich. Ich beschreibe es mal so. Hunde oder Katzen starren Wände an oder freuen sich ohne einen erkennbaren Grund. Vögel sind auf einmal sehr zutraulich. Halten sich in unserer Nähe auf, ohne weg zu fliegen. Das gleiche gilt auch für Schmetterlinge. Sie versuchen uns dadurch mit zu teilen, dass sie bei uns sind. In meinem ersten Buch erzählte ich euch von dem ungewöhnlichen Verhalten vom Hund meiner Schwester an Weihnachten. Er sprang einfach aus dem nichts hoch und bellte nach Herzenslust. Ebenfalls ging er in eine Ecke, und starrte die Wand an. Das war wirklich sehr ungewöhnlich. Ich wusste auf jeden Fall, dass sich mein Vater mit im Raum befindet.

Zutraulichkeit von Vögeln

Meine Tochter und ich hatten mal eine wunderbare Begegnung mit einer weißen Taube. Wir waren in der Stadt beim Optiker. Sie hatte sich eine neue Brille ausgesucht. Die Gläser mussten allerdings noch ein gesetzt werden. Da dies etwas dauerte, mussten wir die Zeit anderweitig nutzen. Es war gerade Mittag und wir beschlossen noch etwas essen zu gehen. Da ich noch zur Bank musste, gingen wir in Richtung Marktplatz. Es war schönes Wetter und viele Menschen waren unterwegs. In Gedanken war ich bei meinem Vater. Es kommen immer mal Momente hoch, wo er mir unendlich fehlt und ich mir wünschte, dass er wieder nach Hause kommt. Ich kann jeden einzelnen von euch verstehen wie ihr euch fühlt. Den Schmerz eures Verlustes nachempfinden. „Schlaglöcher", „Unebenheiten" und „Stolpersteine" wohin man schaut auf dem neuen Weg, der sich vor uns auftut. Leere und Schmerz werden einem immer wieder vor Augen geführt. Ein unerträgliches Gefühl.

Aber nun weiter zu den Dingen, die uns allen ein Lächeln ins Gesicht zaubern.

Als meine Tochter und ich in Richtung Bank schlenderten, sahen wir auf einmal eine kleine weiße Taube. Sie lief direkt auf uns zu. Und verhielt sich ungewöhnlich. Sie war sehr zutraulich und sie hatte keine Angst vor uns. Ich gebe zu, ich hatte bis zu diesem Zeitpunkt noch nie live eine weiße gesehen. Meine Tochter war ebenfalls fasziniert von ihr. Selbst als wir aus der Bank kamen, lief sie gleich auf uns zu. Sie schenkte allen anderen auf dem Marktplatz keine Beachtung. Ich wusste sofort mein Papa ist da, und begleitet uns. Er hat Tauben nie gemocht. Es war aber eine weiße. Die haben eine große Symbolkraft. Sie stehen für Liebe, Frieden, Treue und Glück. Ich sprach mit meiner Tochter darüber. Sie sagte gleich, „Mein Opi ist bei uns." Er hat es wieder geschafft uns ein Lächeln ins Gesicht zu zaubern. Danke schön, Papa.

Ein weiteres Geschehnis hatte meine Mutter auf dem Friedhof. Sie geht jeden Tag und schaut nach seinem Grab und bringt ihm regelmäßig eine neue Kerze. An diesem Tag nahm sie sich etwas mehr Zeit als sonst. Sie pflanzte neue Blumen und richtete alles schön her. Mein Vater liebte Blumen. Sein Grab ist immer kunterbunt und hebt sich von allen anderen ab. Ebenfalls hat er eine

Futterstange, an der man zwei Meisenknödel anhängen kann. Sowie eine Schale für Vogelfutter auf seinem Grab. Vögel waren für ihn immer das Größte. Plötzlich erschien ein Rotkehlchen. Es lief immer wieder um die Füße meiner Mutter und hüpfte zwischen den Blumen auf dem Grab herum. So zahm und zutraulich. Des Weiteren setzte es sich auffallend auf seinen Grabstein und lief dort fröhlich herum. Danach flog es wieder weg. Sie freute sich sehr darüber und meinte, „Papa gefällt dir das Grab so?" Die Antwort hat sie bekommen. Das Auffällige war, das es nicht wegflog, und immer wieder ihre Nähe suchte. Auch sein Grabstein wurde für kurze Zeit zu seinem Lieblingsplatz. An diesem Tag hatte meine Mutter eine Begleitung der besonderen Art. Großartig, wie sie es schaffen ein Tier zu leiten. Aber ihr seht, es ist möglich. Ein unheimlich schönes Gefühl das unsere Liebsten einfach da sind. Es ist Balsam für die Seele. Und das Schöne dabei ist, sie bringen uns immer wieder zum Lächeln!!

Das schönste Geburtstagsgeschenk

In meinem ersten Buch habe ich schon davon berichtet. ***Zeichen in Form von Wolken.*** Besonders in der Kindheit habe ich oft in die Wolken geschaut. Ich versuchte aus den Wolken ein Bild entstehen zu lassen. Und hatte sehr viel Freude dabei. Wolkenraten, so nannte ich es damals. Oftmals waren es Tiere oder auch mal kleine Engel, die ich gesehen hatte. Seit dem Tod meines

Vaters schaue ich sehr oft in den Himmel. Versuche irgendetwas zu erkennen. In meinem ersten Band habe ich eine Wolke in Form eines Menschen gesehen. Ebenfalls sah meine Mutter das gleiche Bild zu unterschiedlicher Zeit an einem anderen Ort. Der Himmel ist ein beeindruckendes Naturspiel. So wunderschön, und unglaublich was man alles in einer einzigen Wolke erkennen kann. Darum möchte ich euch gerne an einem **außergewöhnlichen** Wolkenbild teilhaben lassen.

Der erste Geburtstag ohne Papa

Diesen Tag hätte ich gerne aus meinem Leben gestrichen. Meinen Geburtstag. An diesem Tag musste ich arbeiten. Mein Papa, war immer der Erste, der morgens angerufen hatte, um mir zu gratulieren. An diesem Morgen saß ich in der Küche und war unendlich traurig. Meine Tochter schlief noch. Ich wusste dieser Anruf wird nicht kommen. Es tat mir so unendlich weh. Der erste Geburtstag ohne ihn. Auf der Arbeit versuchte ich mich ab zu lenken und einen freien Kopf zu bekommen. Aber ich muss euch ja nichts vor machen. Es ist schwer etwas zu verdrängen, was man vom Herzen gar nicht will.

Nach dem Mittag deckte ich den Kaffeetisch. Ich hatte meine Kinder, meine Mutter, meine Oma und meine Schwiegermutter eingeladen. Es war ein schöner

Nachmittag. In Gedanken allerdings war ich immer bei meinem Vater. Ich hätte mir so sehr gewünscht, dass er dabei ist. Gegen 17 Uhr fuhren alle nach Hause. Ich stand in der Küche, um das Geschirr abzuwaschen. Plötzlich rief meine Tochter mich, „Mama du musst sofort kommen." Ich ging in ihr Zimmer. Sie stand an ihrem Fenster und schaute raus. „Guck in die Wolken. Siehst du es? Dort ist ein Engel zu sehen." Ich sah aus dem Fenster, konnte aber nicht richtig was erkennen. Sie hielt ihr Handy in der Hand. „Mama ich habe ein Foto gemacht. Guck es dir genau an."Ich nahm ihr Telefon und sah mir das Bild an. Plötzlich liefen mir die Tränen. Es war mein Papa.

Man konnte es genau erkennen. Ein männlicher Kopf, Augen, Nase und gefaltete Hände. Nun wusste ich, mein Vater war da. Sie schickte es mir auf mein Smartphone. Das Bild habe ich dann gleich an alle weitergeleitet. Ich bekam von **jedem** die gleiche Antwort. „Na siehst du, er schaut zum Fenster, und hat mit uns gefeiert." Ich habe angefangen zu weinen, weil ich so glücklich war. Man kann das nicht in Worte fassen. Es fühlte sich im Innern voller Liebe an. So ein wunderbares Geburtstagsgeschenk.

Für mich war es das schönste Geschenk, und es ist tief in meinem Herzen verankert.

Ich möchte euch gerne etwas auf den Weg mitgeben. Wenn ihr nach draußen geht, seid immer achtsam. Eure Liebsten könnten euch einen wunderbaren Gruß aus dem Himmel schicken, und euch allen ein Lächeln ins Gesicht zaubern.

Und nun schaut euch das Bild an. Könnt ihr es erkennen? Einfach wunderschön.

Zitat von Astrid Lindgren

„Wie schön muss es erst im Himmel sein, wenn er von außen schon so schön aussieht?"

Musik im perfekten Moment

Es gibt immer mal Tage wo man sich nichts sehnlichster wünscht, als wäre alles wie früher. Die Zeit noch einmal zurückdrehen. Leider ist das nicht möglich. Und der Tiefpunkt ist vorprogrammiert. Die erste Zeit nach dem Tod meines Vaters war ich sehr oft an den Wochenenden mit meiner Tochter bei meiner Mutter. Im ersten Buch habe ich dort von vielen Vorkommnissen berichtet. Ich habe bewusst ein paar Ereignisse für mich aufbewahrt. Das Thema **Musik** kam im ersten nicht vor. Somit würde ich dies hier gerne nachholen.

An einem Wochenende war ich bei meiner Mutter. Wir hörten dort immer über Alexa: **Radio Kärnten**. Es war der Lieblingsort meines Vaters. Er ist gut 50 Jahre dort hingefahren, um in seinen geliebten Bergen Urlaub zu machen. Nach dem Mittagessen haben wir uns alle drei aufs Sofa gelegt. Meine Mutter spielte in ihrem Handy Wort Guru, meine Tochter Minecraft, und ich zappte im Netz und recherchierte weiter nach Zeichen aus dem Jenseits. In diesem Moment ging es mir nicht so gut. Nebenbei lief das Radio. Plötzlich sang einer immer

„Alles wird gut“. Das Lied kannte ich noch nicht. Es klang schön, und ich richtete meine ganze Aufmerksamkeit auf den Text des Songs. Den Satz **„Alles wird gut“,** hat mein Papa immer wieder gesagt. In dem Moment musste ich lächeln. Er wollte mich aufmuntern und mir bewusst machen, dass sich alles zum Guten wendet. Gegen späten Nachmittag fuhr ich dann wieder nach Hause. Das Lied ließ mir aber keine Ruhe, und ich schaute im Netz nach wer das gesungen hatte. Das Lied ist von.

Hubertus Garnier:

Alles wird gut

Der Refrain geht wie folgt:
Ein neuer Tag fängt morgen an,
Bringt dir neues Glück
Schau´ jetzt nach vorn und nicht zurück
Verlier nie den Mut
(Denn) alles wird gut.

Original mein Papa. Er war trotz seiner schweren Erkrankung immer positiv gestimmt, und hat dies bei der gesamten Familie und Freunden auch immer so vermittelt. Der Satz: ***„Alles wird gut“,*** hat er jedem einzelnen von uns immer wieder gesagt. Ein Zeichen in Form von Musik. Oftmals werden wir an einen Song erinnert den ein Verstorbener zu Lebzeiten immer gern gehört hatte. In meinem Fall ist der Text das Entscheidende gewesen, der mich wissen ließ, dass es eine Nachricht von ihm war.

Ich möchte hier gerne etwas los werden. Ich konnte früher in der Schule nie Aufsätze schreiben. Ein bestimmtes Thema zu beschreiben war für mich immer furchtbar. Die Lehrer sind an mir damals schon verzweifelt.

Doch seit dem Tod meines Vaters fällt mir es mir unheimlich leicht mir alles von der Seele zu schreiben. Beim ersten Band ging vieles allein von der Hand. Ich hatte ich das Gefühl mein Papa hilft mir dabei, um für euch die richtigen Worte zu finden. Er und ich haben gemeinsam dieses Buch geschrieben. Es kostete mich sehr viel Überwindung, einfach drauf los zu schreiben. Ohne nach zu denken. Verzeiht wenn ich manchmal nicht die richtigen Worte finde. Ich gebe mir große Mühe, es so verständlich wie möglich euch nahe zu bringen.

Ein zweites Erlebnis hatte ich ebenfalls, bei der die Musik eine große Rolle spielte. Es ist sehr traurig, dass ich mit meinem Vater nicht mehr sprechen kann. Für mich kommt oft die Frage hoch, ob er mit dem Schreiben der Bücher einverstanden ist. Ich wollte beim ersten Buch einfach wissen ob ich alles richtig mache, denn ich erzählte euch eine sehr persönliche und wahre Geschichte über ihn. Immer wieder bat ich ihn um ein Zeichen. Ich wollte einfach sein Einverständnis haben. Mein Herzensprojekt abgesegnet von ihm. Mein Vater war immer mein Lebensberater. Ich habe vieles mit ihm gemeinsam in meinem Leben entschieden. Wo war nun meine Antwort? Papa bist du damit einverstanden? An dem Tag vor der Absendung des Buches, saßen meine Freundin und ich sechs Stunden vor dem Laptop, um alles zu korrigieren. Nebenbei lief mein kleines Radio. Wir hörten den ganzen Nachmittag Radio FFN. Kunterbunte Musik. In dem Moment wo meine Freundin auf absenden klickte, lief im Radio das Lied von Celine Dion: ***My Heart will Go on.*** Ich fing an zu weinen. Meine Freundin nahm mich in den Arm und sagte: „Da hast du deine Antwort. Du hast alles richtig gemacht." Ich war so glücklich darüber. Wochen lang auf ein Zeichen gewartet. Und im richtigen Moment habe ich es von ihm bekommen.

Ihr seht, es kommt oft auf die Kleinigkeiten an. Sie bewirken im richtigen Moment, etwas ganz Großes.

Der lustige Autotausch

Meine Mutter musste sich ein neues Auto kaufen. Ihrem Peugeot stand eine größere Reparatur ins Haus. Eine neue Situation die sie nun meistern musste. Wo bekomme ich ein neues Auto her? Worauf muss ich achten? Fragen über Fragen. Sie bat meinen Onkel um Hilfe. Die Suche nach einem neuen fahrbaren Untersatz stand nun auf der Tagesordnung. Beide fuhren zusammen zu einem Autohändler. Sie musste nicht lange suchen, da stand er, ein schicker weißer Twingo.

Sie machte gleich ein paar Bilder und schickte es meiner Schwester und mir über What`s-App. Wir beide fanden den Wagen sehr schön und bestärkten sie. Ihr kennt das sicher auch, beim ersten Anblick gleich verliebt. Der muss es sein. Sie machte Nägel mit Köpfen und kaufte den Wagen. Da noch einiges geregelt werden musste, konnte sie ihn nicht gleich mitnehmen. Nun war die Frage wohin mit dem alten Wagen. Da mein Onkel zeitgleich ein Auto suchte, um zu seiner neuen Arbeitsstelle zu kommen, beschlossen beide, dass er den alten Peugeot nimmt und ihn nochmal übergangsweise repariert. Meine Mutter war einerseits glücklich über die Wahl ihres neuen Autos, doch andererseits hatte sie Zweifel ob sie alles richtig gemacht hat. War es jetzt eine Kurzschlussreaktion? Während eines Telefonats, erzählte sie mir von ihren Zweifeln. Ich versuchte sie auf zu muntern und ihr Mut zu zusprechen. Plötzlich im Gespräch fiel ihr ein, dass mein Vater ihr zum 40. Geburtstag einen Twingo geschenkt hatte. Na, siehe da, der Kauf dieses Autos wird gleich in ein ganz anderes Licht gerückt. Im ersten Buch berichtete ich euch schon von ***„Lenken der Gedanken“.*** Mein Vater war beim Kauf dabei, und hat ihr den Entscheidenden Hinweis geliefert. Sie hat alles richtig gemacht. Manchmal bedarf es einfach ein bisschen Unterstützung. Unsere Liebsten helfen wo sie können. Ich persönlich, finde es großartig. Es vermittelt einem Sicherheit bei der Bewältigung, des Alltags und das Gefühl, das sie uns immer zur Seite stehen.

Eine Woche später konnte meine Mutter nun ihren Wagen abholen. Sie fuhr zu meinem Onkel und stellte ihren alten dort ab. Nachdem er nach Hause kam beschloss er mit dem Peugeot ein bisschen rum zu fahren um sich mit dem Wagen vertraut zu machen. An diesem Tag war es sehr kalt. Wir hatten noch Winter. Während er so fuhr zog es von hinten im Wagen. „Puh, warum ist das hier so kalt drin?“ fragte er sich. Er hielt an und stieg aus, und stellte fest das beide Fenster hinten offen waren. Nachdem er zu Hause angekommen war, rief er meine Mutter an und fragte, warum sie denn hinten beide Fenster offengelassen hatte. Sie antwortete, „Die Fenster habe ich hinten noch nie aufgemacht solange ich den Wagen hatte. (und wir reden hier von gut siebzehn Jahren). Ich habe ihn ordnungsgemäß verschlossen bei dir vor der Tür abgestellt.“ Plötzlich fing meine Mutter an zu lachen. Mein Papa hat meinen Onkel wieder ein bisschen veräppelt. Im ersten Band erzählte ich, wie mein Vater meinen Onkel an Weihnachten auf Trab gehalten hatte. Sämtliche Birnen, inklusive Außenbeleuchtung fielen bei ihm aus. Der Baumarkt war zu dem Zeitpunkt sein Lieblingsort. Mein Vater liebte es Späßchen zu machen. Ich stelle es mir gerade bildlich vor: Sitzend im Auto voll konzentriert, und hinten zieht es wie Bolle. Herrlich! Wie er das hinbekommen hat. Ein altes Auto, und man muss ordentlich kurbeln, um die Fenster zu öffnen. Mein Papa ließ sich das zu Lebzeiten nie nehmen seine Familie zum Lachen zu bringen. Wie man sieht nach dem Tod geht es fröhlich weiter. Das wichtige bei dem Ganzen ist es, das Zeichen richtig zu erkennen. Wie ich euch schon erzählte, Wesen und Persönlichkeit bleiben auch nach dem Tod bestehen. Anhand dieses Wissens ist es für uns viel einfacher den Verstorbenen an seinen Hinweisen wieder zu erkennen. Mit offenen Augen durch unseren Alltag gehen, ist ein guter Ansatz. Nur so erleben wir noch viele wunderschöne Momente, die uns niemand nehmen kann. Den Blickwinkel ändern und den Tod als guten Freund ansehen. Eine schwere Aufgabe und kostet viel Überwindung. Ich habe auch meine Zeit gebraucht, um es für mich zu verinnerlichen. Aber wie ihr seht, ist dies der richtige Weg. Habt einfach Mut, die Dinge einfach mal anders zu betrachten.

Ich persönlich, kann immer wieder nur sagen, „**danke Papa**."

Besondere Geschenke von Verstorbenen

Persönliche Geschenke von unseren Liebsten, sind was Besonderes. Kleine Symbole die irgendwann für euch eine bestimmte Sprache sprechen. So wird sich aus jedem Puzzleteilchen ein großes Bild ergeben. Sie legen uns verschiedene Gegenstände in den Weg die ihnen immer wichtig waren. Dies kann, z.B. Blumen, weiße Federn, Münzen, Schlüssel, Kleidungsstücke und Steine sein. Wenn ihr mal eine Münze findet betrachtet ihr Jahr und erinnert euch daran, ob dieses bestimmte Jahr eine gewisse Bedeutung für euch hatte. Des Weiteren können plötzlich Kleidungsstücke liegen, die vorher einen anderen Platz hatten. Beim Sparzieren liegen oft Steine am Wegesrand in Form eines Herzens, oder ihr findet weiße Federn an ungewöhnlichen Orten.

Ich bekam mal eine wunderschöne weiße Feder von meinem Vater. Es war Herbst gewesen und in meinem Garten sah es furchtbar aus. Überall Laub und ich hatte noch nichts runter geschnitten. Ihr kennt das sicher auch, dieses Antriebslose. Trotz, dass ich wusste dass mein Papa da war, holte mich die Trauer immer mal wieder ein. Mein Vater liebte meinen Garten. Er war immer sehr stolz auf mich, dass ich da so viel Liebe investiert habe. Es ergab aber für mich alles keinen Sinn. Meine Gedanken waren immer: „Für wen soll ich das jetzt noch machen? Ich kann doch keine Zeit mehr mit ihm im Garten verbringen." Man vergisst oft, dass man die Dinge für sich selbst tut. Ich erwische mich leider immer wieder dabei, wie ich in meinen alten Trott verfalle.

Da der Anblick meines Gartens unerträglich war, musste ich mich nun aufraffen. Ich fing an ihn Winterfest zu machen. Dabei hatte ich vergessen mir ein Zopfgummi in die Haare zu machen. Beim Harken des Laubs, hingen sie mir dauernd in den Augen. „Ach egal", dachte ich mir. Hochlaufen in die Wohnung, wollte ich jetzt auch nicht mehr. Plötzlich sah ich aus dem Augenwinkel etwas weißes schimmern. Ich fasste in meine Haare, um nach zu sehen, was sich dort verfangen hatte. Ich traute meinen Augen nicht.

Eine wunderschöne weiße Federhielt ich in meiner Hand. Ich musste lachen und bedankte mich bei meinem Vater. Okay war jetzt eine blöde Idee von mir, hier nichts mehr zu machen. Klar sieht er meinen Garten. Mit diesem Geschenk wollte er mir zeigen, dass es sich lohnt weiter zu machen. Ähnliche Federn bekamen meine Mutter und die Nachbarin von meinen Eltern. Mein kleiner Neffe fand eine am Grab seines Opas. Sie war so winzig und flog direkt vor seiner Nase. Ich erwähnte dies schon in meinem ersten Buch. Eine weitere fand mein Schwager. Seine Brille lag auf dem Tisch. Als er sie aufsetzen wollte, sah er auf einem Glas genau die gleiche.

Eine **sehr** außergewöhnliche Federgeschichte möchte ich euch jedoch nicht vorenthalten. Seit dem Tod meines Vaters versucht meine Mutter sich viel ab zu lenken. Ihr neues Hobby wurde: „das Malern". An einem Tag ging sie ins Schlafzimmer um sich aus dem Kleiderschrank eine „Arbeitshose" raus zu holen. Sie packt die Hosen immer zweimal zusammengelegt in den Schrank, um Platz zu sparen. Nachdem sie die Hose anziehen wollte, lag auf einmal in der Hose eingeklappt eine große weiße Feder. Sie freute sich so, denn sie war nicht gut drauf an diesem Tag. Mein Vater wollte sie wieder aufmuntern. Und das ist ihm gelungen. Mittags berichtete sie mir und meiner Schwester am Telefon davon und fragte, wie das möglich ist? Wie groß, besteht die Wahrscheinlichkeit, dass man im Kleiderschrank eine Feder findet? Denn sind wir mal ehrlich, das hätte ihr beim zusammen legen schon auffallen müssen. Es gibt für vieles einfach rational keine Erklärung. Aber müssen wir immer für alles eine Antwort bekommen?

NEIN! Am Ende zählt das Resultat. Die Freude und die Dankbarkeit für ein besonderes Zeichen.

Meine Bitte an euch alle. Legt alle Geschenke in eine persönliche Schatulle. Die besten Geschenke in dieser Welt sind keine materiellen Dinge, sondern besondere Erinnerungen mit dem Menschen, den wir lieben.

Ich habe meine jetzt aufbewahrt und habe schon einige neue gefunden. Meine Schatulle füllt sich schon langsam. Die Federn sind wunderschön und was ganz Besonderes. Die Liebe ist ein kostbares Geschenk. So kostbar, dass man sie nicht kaufen kann. Früher hat mein Vater immer zu uns gesagt, „Ich habe euch lieber als das ganze Weltall." Das konnten wir als Familie nie toppen. Ihr seht diese Liebe war schon immer unendlich. Und bleibt auch nach dem Tod bestehen.

Ich habe ihm nun versprochen mich zu bessern. Und jetzt wo der Frühling angefangen hat, habe ich mir wieder besonders viel Mühe gegeben. Und das Eigenartige ist: Ich hatte wieder Freude daran. Meine Tochter sagt auch immer zu mir, „Mama, jetzt freut sich der Opi wieder."

Macht euren Liebsten viel Freude. Dinge die sie immer gern mochten. Das kann die kleinste Kleinigkeit sein. Auch wenn es einem schwer fällt. Mit viel Aufmerksamkeit findet ihr dann an ungewöhnlichen Orten eure persönlichen kleinen Geschenke als Zeichen der Dankbarkeit.

Zitat von Wilhelm Busch

„Glück entsteht oft durch die Aufmerksamkeit in kleinen Dingen!“

Die Berührung

Ein weiteres beliebtes Zeichen von unseren Verstorbenen, ist die Berührung. Die Seele ist als feinstoffliche Energie unterwegs. Sie lässt uns körperlich spüren, dass sie da ist. In meinem ersten Buch erzählte ich euch von dem Kribbeln auf der Haut. Es ähnelt dem Gefühl sehr, als würde ein Fuß oder ein Arm einschlafen. Es ist aber ein anderes Kribbeln. Mehr oberflächlicher. Was ich nicht erwähnte, dass sich oftmals auch die Raumtemperatur um uns herum verändert, und wir empfinden einen bestimmen Bereich als besonders warm oder kalt. Ich selbst verspüre sehr oft abends im Bett die Berührung meines Vaters. Ich lege jeden Abend meine Hände mit gespreizten Fingern neben meinem Körper auf die Matratze. Nach kurzer Zeit merke ich ein warmes Kribbeln auf der Haut und ein Gefühl, als ob etwas auf meinen Händen liegt. Sie fühlen sich sehr schwer an. Ich kann sie kaum anheben. Manchmal habe ich sogar das Gefühl, seine Finger zu spüren. Ein unfassbar schönes Gefühl. So etwas habe ich vorher noch nie erlebt. Ich erzählte meiner Tochter davon und schlug ihr vor, sie möge es doch auch mal ausprobieren. Sie ging ins Bett und legte eine Hand ebenfalls mit gespreizten Fingern auf die Matratze. Nach kurzer Zeit wurde ihre Hand ganz warm und sie hatte das Gefühl, dass etwas darauf liegt. Auch sie, konnte sie nicht anheben. Des Weiteren verspürte sie zwischen dem Zeigefinger und Mittelfinger einen Finger meines Vaters. Sie war sprachlos und glücklich zugleich. Am nächsten Tag erzählte sie mir von dem außergewöhnlichen Erlebnis. Es ist so unglaublich, wie so etwas möglich ist. Versucht es doch einfach auch mal. Wichtig ist, ich müsst entspannt sein und euch gehen lassen. Vertraut euch, und fühlt die schöne Nähe eurer Liebsten. Vergesst aber nicht dabei. Ihr müsst Geduld haben. Oftmals bedarf es ein paar Anläufe bis man es bemerkt. Aber glaubt mir, es funktioniert.

Ein anderes Erlebnis hatte ich als ich zu Besuch bei meiner Schwester war. Sie wohnt 300 km von mir entfernt. Das Wochenende stand bevor. Meine Nichte hatte Geburtstag und wir waren die Überraschungsgäste. Im Gepäck hatte ich meine Tochter und meine Mutter. Es war die erste Fahrt ohne meinen

Vater nach seinem Tod. Ihr wisst ja, für alles gibt es ein erstes Mal. Eine Hürde, die wir leider durchlaufen müssen.

Die Überraschung ist aber gelungen. Meine Nichte hatte sich so gefreut, dass wir gekommen sind. Trotz, dass es für uns alle schwer war, haben wir viel Spaß gehabt und auch viel gelacht. Samstagabend passierte dann folgendes.

Meine Schwester hat ein Haus und die Einteilung der Schlafplätze war folgendermaßen geregelt. Meine Tochter schlief bei meiner Nichte mit im Zimmer. Mein Neffe bei seiner Mutter. Mein Schwager im Gästezimmer und meine Mutter und ich teilten uns das Zimmer des Kleinen. Sie lag im Bett und ich auf einer Matratze auf dem Boden. Als Kind guckte schon immer bei mir ein Fuß unter der Bettdecke hervor. Das hat sich in all den Jahren nie geändert. Der Mensch ist eben ein Gewohnheitstier. Plötzlich spürte ich einen festen Druck an meinem Fuß. Es fühlte sich an, als ob jemand dagegen gelaufen ist. Im ersten Moment habe ich mich erschrocken, aber dann wusste ich, dass mein Vater mit im Raum war. Ein großartiges Gefühl. Es war für mich so real. Manches ist sehr schwer zu beschreiben. Gefühle wieder zugeben ist gar nicht so einfach. Ich versuche mein Bestes, es euch so verständlich wie möglich rüber zu bringen. Es liegt mir sehr am Herzen euch daran teilhaben zu lassen. Ich habe mir als Ziel gesetzt euch zu helfen, denn ich weiß wie man sich fühlt, wenn man in der Trauer feststeckt, und keine Perspektiven mehr sieht. Kleine Hilfestellungen können so viel Großes bewirken.

Drei weitere Erfahrungen machte meine Mutter. Sie hat manchmal nachts die nächtliche Schlafapnoe. Einige kennen das sicher (***Atemaussetzer im Schlaf***). Mein Vater hat sie früher oft wachgerüttelt, damit sie weiter atmet. Der Betroffene, aber bemerkt dies nicht. Eines nachts passierte dann folgendes. Sie lag auf dem Rücken. Sie ist wach geworden, weil ihr jemand mehrmals auf das Brustbein drückte. Im ersten Moment erschrak sie. Doch dann wusste sie, dass mein Vater sie geweckt hatte. Ihr war bewusst, dass sie scheinbar wieder ein Atemaussetzer hatte, ohne es selbst bemerkt zu haben. Am nächsten Morgen hatte sie dann immer noch das Druckgefühl auf der Brust. Die Bestätigung, dass sie sich das nicht eingebildet hatte. Als sie mir von dem Erlebnis berichtete, war ich sprachlos. Wie man sieht, können Berührungen ganz unterschiedlich sein. Körperliche Zuwendung über den Tod hinaus. Manche haben schon beschrieben, dass sie in den Arm genommen worden sind. Im ersten Buch erlebte dies meine Schwester. Die intensive Umarmung meines Vaters im Traum.

Berührungen können auch in Form von streicheln wahrgenommen werden. Dies erleben oft Menschen, die ein sehr enges Verhältnis zum Verstobenen hatten.

Die zweite Geschichte, wo das Streicheln zum Tragen kommt, erlebte meine Mutter. Und dies hält noch bis zu dem heutigen Tage an. Sie liegt abends immer auf dem Sofa und schaut fern. Sie hat immer das Gefühl, das mein Vater sie am Hals oder an der Wange streichelt. Eine sehr schöne Berührung, wie sie immer erzählt. Auch wenn sie ins Bett geht, ist mein Vater sehr oft bei ihr, und lässt sie körperlich spüren, dass er da ist.

Eine andere Form der Berührung ist die:
„spinnennetzartige Wahrnehmung."

Ihr kennt das sicher auch, dass plötzlich einfach eure Nase oder das Gesicht kribbelt. Man hat das Gefühl ein Fussel oder ein Luftzug streift uns. Wie oft denkt man sich nichts dabei, und geht weiter seinem Alltag nach. Eigentlich nichts Ungewöhnliches, oder seltenes. Aber jetzt lest selbst, was die Ursache sein könnte.

Meine Mutter schildert öfter mal dass sie, wenn sie einen Raum betritt, das Gefühl hat, es ist etwas im Gesicht. Es fühlt, sich an wie eine schleierartige Berührung. Sie beschreibt es so, als würde sie durch ein Spinnennetz laufen. Automatisch fasst man sich ins Gesicht und stellt dann fest." Hm, da ist doch gar nichts."

Da ihr das jetzt schon häufiger passiert ist, schaut sie jetzt beim saubermachen genau hin ob die Türen und Türrahmen frei von Spinnenweben sind. Bis zu diesem Zeitpunkt, wusste ich von diesen Berührungen noch nichts. Es ergab sich erst bei einem Sonntagstelefonat. Sie erzählte mir, sie kam von der Terrasse in die Küche, und hatte wieder dieses gleiche Gefühl. „Spinnenweben" im Gesicht. Sie wurde darauf aufmerksam durch das Kribbeln. Doch weder an der Tür noch im Gesicht war etwas zu sehen oder zu fühlen, was darauf hin deutete, das ihr Gefühl richtig war. Sie sagte mir, „Es fühlte sich so an, als ob dein Vater durch mich durchgelaufen ist."Das ist tatsächlich so. Unsere Liebsten durchdringen problemlos Wände und Türen sowie auch Menschen. Für uns als Laie kaum vorstellbar. Wir kennen es, ja eigentlich nur aus Filmen. Aber so müsst ihr euch das bildlich vorstellen.

Eine weitere Geschichte erzählt ebenfalls wo diese Berührung wahr genommen wurde. Meine Mutter trifft sich jeden Sonntagmorgen mit einer Nachbarin auf eine Tasse Kaffe. An diesem Morgen waren sie bei ihr verabredet. Die beiden Damen saßen auf der Terrasse und unterhielten sich. Nach kurzer Zeit nahm die Nachbarin ihre Brille ab. Sie hatte das Gefühl, das sie etwas auf ihren Gläsern hatte. Aber damit nicht genug. Scheinbar war auch etwas in ihrem Gesicht. Sie hatte das Gefühl ein Fussel, oder etwas Ähnliches streift sie. Aber da war nix. Meine Mutter vernahm dies aus dem Augenwinkel und musste innerlich schmunzeln. Dann erzählte sie ihr von ihrem Wissen: **Die spinnennetzartige Wahrnehmung**. Die Nachbarin glaubt ebenfalls an ein Leben nach dem Tod. Beide mussten herzhaft lachen.

Mein Vater war beim Kaffeetrinken dabei, und hat sich wieder bemerkbar gemacht, durch die Berührung bei der Nachbarin. Ihr seht auch andere nehmen dieses bewusst war.

Auf diese Weise versuchen unsere Liebsten uns zu vermitteln, dass sie in unserer Nähe sind. Die Liebe zu den Menschen macht so viel möglich, und schenkt uns noch so viele wunderbare Momente. Wir können so dankbar darüber sein, und das sollten wir auch.

Kinder des Lichtes

In meinem ersten Band habe ich von vielen Phänomenen berichtet wo das Licht im Vordergrund stand. Elektrizität ist für unsere Liebsten einer ihrer „Lieblingszeichen.“ Wenn wir alle mal zurück denken an unsere Kindheit, müssen wir doch zu geben, das wir vor der Dunkelheit oft Angst hatten. Mit Licht fühlten wir uns immer sicher und geborgen. Nach christlichem Glauben, sind **wir alle** Kinder des Lichts!

Das Eigenleben der Lichterketten

Ihr werdet so etwas bestimmt schon mal erlebt haben. Lichter gehen von alleine an, oder aus. Birnen flackern, ohne dass ihr eine Ursache gefunden habt. Dies ist ein Zeichen der Nähe, von unseren Verstorbenen. In meinen nächsten Geschichten für euch sind es immer die Lichterketten, die ein Eigenleben führen.

Ich bin von Beruf Krankenschwester und arbeite halbtags in einer Arztpraxis. Einmal in der Woche helfe ich im Haushalt bei einem älteren Ehepaar. In meiner Wohnung im Flur habe ich eine Blume stehen, die ich geschmückt habe mit einer Lichterkette. Jede morgen schließe ich alle Türen, damit die Hasen nicht in die anderen Zimmer laufen können. Sie sind uns schon ein paar Mal ausgebrochen, und haben unsere Kabel angefressen. An einem Tag hatte ich einen sehr stressigen Tag auf der Arbeit und bin im Anschluss zu dem Ehepaar gefahren. Gegen späten Nachmittag war ich dann nun endlich fertig, und fuhr nach Hause. Immer an diesem Tag holt mein Sohn meine Tochter von der Schule ab, um mit ihr bei ihm zuhause Hausaufgaben zu machen. Ich schloss meine Wohnungstür auf und traute meinen Augen nicht. Die Lichterkette an meiner Blume war an. Niemand war in der Wohnung. Ich griff zum Hörer und rief meine Tochter an und fragte sie, ob die beiden mir das Licht hier angemacht hatten. Ihre Antwort war...Was meint ihr? „Nein Mama. Warum sollten wir dies tun?“ Ich legte auf, und war sprachlos. Es war mein Vater. Ich war ziemlich kaputt von diesem Tag. Mit diesem Zeichen wollte er mir eine Freude machen. Und das ist ihm gelungen. Am Ende eines Tages ist nur wichtig, dass ein schöner Moment dabei war der dich lächeln lässt. Danke schön Papa, für dieses außergewöhnliche Zeichen.

Und weil das Licht so besonders ist, geht es mit einer schönen Geschichte weiter.

Die Lichterkette meiner Nichte

Wir beide hatten eine besondere Abmachung. Dieses Erlebnis erst im zweiten Buch nieder zu schreiben. Sie hat für euch extra das Bild gemacht. Kinder finden das so schön Mitwirkende in einem Buch zu sein. Wie ihr seht hängt die Lichterkette an ihrem Fenster im Zimmer. Sie hat mir erzählt, dass sie diese nicht oft anmacht. An einem Abend passierte dann folgendes. Sie machte sich fertig, um ins Bett zu gehen. Wie Kinder so sind, vergaß sie natürlich ihre Trinkflasche. Also musste sie nochmal runter in die Küche. Im Anschluss sagte sie ihren Eltern noch „Gute Nacht", und ging wieder hoch. Als sie ihr

Zimmer betrat, sah sie auf einmal, dass ihre Lichterkette an war. Voller Freude lief sie wieder runter zu ihren Eltern und erzählte davon. Sie betonte auch gleich, dass sie die Kette nicht angemacht hatte. Mein Schwager meinte darauf hin, „Dann hat das Licht dein Opi angemacht, damit du nicht im Dunkeln schlafen musst." Ich finde diese Geschichte, einfach nur schön. Und meine Nichte hatte soviel Freude daran, euch in ihr Erlebnis mit ein zu beziehen. Ihr Opi ist schon der Beste!

Eine erneute Lichterkettengeschichte habe ich noch für euch. Meine Mama hat eine sehr enge Bindung zu ihrer Nachbarin. Die beiden Frauen unternehmen sehr viel zusammen. Alle zwei Tage spielen sie Karten. An einem Abend ging meine Mutter zu ihr rüber. Sie bat meinen Vater mit zu kommen. Er wird überall mit eingebunden. Ich finde das so schön, wenn sie immer davon erzählt. Die Nachbarin hat im Esszimmer einen Korkenzieherzweig im Fenster hängen. Den hat sie geschmückt mit einer Lichterkette. Da meine Mutter sehr offen geworden ist, achtet sie auf viele Dinge, die um sie herum sind. Während beide vertieft waren im Spielen, flackerte die Lichterkette mehrmals auf. Meine Mutter sah dies aus ihrem Augenwinkel. Im Innern sprach sie zu meinem Papa „Oh, wie schön, dass du da bist." Um auf Nummer sicher zu gehen, fragte sie die Nachbarin ob die Kette in Ordnung wäre. Sie bejahte dies. Diese macht sich immer mal wieder bemerkbar, wenn die beiden zusammen Karten spielten. Kleine Dinge, große Wirkung!!

Das besondere Kerzenlicht

Unsere Liebsten lieben das Licht. Ob in Form einer Kerze oder eine Glühbirne und dergleichen. Im ersten Buch berichtete ich von Glühbirnen die durch geknallt sind in verschiedenen Haushalten. Diese Geschichte erzählt von einem besonderen Kerzenerlebnis.

Meine Eltern haben in der Stube ein Tischchen mit einem Buddha drauf. Meiner Mutter war dies immer sehr wichtig, dass diese Kerze für meinen Vater leuchtete. Das Licht sollte ihn beschützen. Buddhas, haben besondere Merkmale und zeigen unterschiedliche Weisheiten auf.

Ich glaube, nichts geschieht aus Zufall. Im Grunde hat alles einen Grund, auch wenn wir ihn manchmal einfach nicht verstehen. Vielleicht müssen wir vieles auch nicht verstehen, sondern einfach nur annehmen. Kerzen sind Zeichen der Hoffnung. Hoffnung darauf, dass wir alle nach dem Tod in einer anderen Welt weiterleben. Diese findet man besonders häufig auf Friedhöfen. Das Licht der Hoffnung! Es ist schön, wie viele Menschen für ihre Verstorbenen eine Kerze am Grab anzünden.

Nun zu dem Buddha meiner Mutter. Sie heißt ***Abhaya Mudra***. Sie symbolisiert die Furchtlosigkeit. Das Erheben der rechten Hand ist ein besonderes Merkmal. Jeder, der sie anbetet erhält nach göttlichem Glauben, Schutz und Glücksseligkeit.

Jeden Abend schaut sie in der Stube fern. Im Hintergrund leuchtet immer diese Kerze. So gegen 22 Uhr gingen die Lichter aus. Die Zeitschaltuhren sind alle so eingestellt. Kurz danach erlosch auch auf einmal die Kerze des Buddhas. Sie drehte sich um und meinte, „Ach Papa, ich gehe bald ins Bett. Morgen mache ich dir die Kerze wieder an." Dann schaute sie weiter fern. Plötzlich wurde es hinter ihr so hell wie noch nie. Sie drehte sich um und traute ihren Augen nicht. Die Kerze war auf einmal wieder an. Unglaublich. Aber was sagt uns das? Sie lieben das Licht nun mal. Es vermittelt Sicherheit und Geborgenheit. Für sie war es wieder ein neues Zeichen. Er hat mit ihr den Abend verbracht, denn wie wir sehen, war er mit im Raum. Nun würde erklären, warum meinem Vater das so wichtig war diese Kerze wieder an zu machen. Ich denke, dass dieses Licht **sie** nun beschützen soll. Deswegen hat er sie wieder angemacht. Wie er, dies hinbekommen hat, kann ich nicht erklären. Der Glaube, an kleinen Dingen kann einem viel Kraft und Mut geben.

Ich persönlich finde es unheimlich schön wie erfinderisch unsere Liebsten sind. Mit jedem Zeichen machen sie uns zu einem glücklichen Menschen. Der erste Schritt ist, wenn ihr euch damit auseinandersetzt. Dies sind alles Zeichen, einer realen Wirklichkeit. Diese Phänomene gab es schon immer egal in welchen Kulturen. Und das wird auch immer so bleiben. Ich glaube fest daran, dass ihr alle den Tod irgendwann aus einem anderen Blickwinkel sehen werdet. Öffnet euer Herz und schenkt dem ganzen Glauben. Macht eure Liebsten zu glücklichen Menschen, wenn auch in einer anderen Ebene.

Spontanes Erleben der Gegenwart

Der ein oder andere kennt dies sicher, das Gefühl es ist irgendjemand mit im Raum, oder es steht jemand direkt hinter einem. Ein Gefühl was man schwer beschreiben kann. Eine Veränderung in der Atmosphäre. Versucht euch zu erinnern, wann ihr mal so eine Situation hattet. Ich bin mir sicher, da fällt euch bestimmt etwas ein.

Ich versuche es mal zu erklären. Es ist wie eine Kettenreaktion. Unsere eigene Seele (die ebenfalls als Energie existiert) nimmt die Seele des Verstorbenen wahr. Wir fühlen dies tief in unserem Unterbewusstsein. All unsere Sinne schenken diesem Gefühl die ganze Aufmerksamkeit. Durch intuitives Handeln spüren wir die Gegenwart unserer Verstorbenen, und können diese auch richtig zu ordnen. Da wir rational denkende Menschen sind, nehmen wir dies oft im alltäglichen Leben nicht wahr. Was leider die traurige Seite an dieser Geschichte ist. Es liegt an jedem selbst, einen Schritt nach vorn zu gehen. Die Akzeptanz der Gegenwart zu erlernen.

Ich erzähle euch mal ein Beispiel. Die erste Zeit bin ich jede Woche einmal zum Friedhof gefahren, um meinen Papa zu besuchen. Trotz, dass ich wusste, dass nur seine irdische Hülle dort liegt, hatte ich das Bedürfnis dort hin zu fahren. Es ist ein Familiengrab. Auf der linken Seite liegt mein Vater. Auf der rechten Seite mein Opa und meine Oma. Rechts steht ein kleines Bäumchen auf dem Grab. Ich hatte einen schlechten Tag und war unendlich traurig. Immer wieder die Frage, nach dem warum? Die, die wir uns alle stellen, wenn wir jemanden geliebtes verlieren. An diesem Tag war es sehr windstill und ich hockte vor dem Grab. Plötzlich sah ich aus dem

Augenwinkel wie sich die Zweige von dem kleinen Bäumchen bewegten. Ich guckte intuitiv dort hin und hatte das Gefühl, da steht jemand hinter dem Baum und schaut mich an. Ich habe aber niemanden real gesehen. Aber dieses Gefühl war da. Die Vorstellung, dass mein Vater dort steht und mich ansieht. Ich musste lächeln. Klingt komisch, aber genauso ist es gewesen. Das Urige an dieser Geschichte ist, dass es mir besser dadurch ging.

Und jedes Mal, wenn ich zum Friedhof gehe, richte ich nun mein Augenmerk auf dieses Bäumchen.

Eine **besonderes** fühlen der Gegenwart hatte meine Tochter. Es waren Osterferien und ich bin früher schlafen gegangen, weil ich den nächsten Tag arbeiten musste. Sie lag in ihrem Zimmer in ihrem Bett und fing an zu weinen. Sie vermisste ihren Opi sehr. Sie sprach mit ihm, und entschuldigte sich, dass sie nicht mit zur Beerdigung gekommen war. Ich hatte es ihr damals freigestellt. Und sie sagte zu mir, „Mama ich kann das nicht. Es tut mir so weh.“ Sie setzte sich im Bett auf. Auf einmal hatte sie das Gefühl, das ihr Opi auf der Bettkante sitzt. Gesehen hat sie ihn nicht, aber dieses Gefühl war da. Danach ging es ihr besser, und sie konnte einschlafen. Am nächsten Tag erzählte sie mir davon. Im ersten Moment tat es mir sehr weh, denn ich hatte es nicht mitbekommen, dass sie geweint hatte. Aber ich war meinem Vater sehr dankbar, dass er ihr zur Seite gestanden hatte, und sie dann beruhigt einschlafen konnte.

Ein weiteres Erlebnis hatte ich im Bett. Ich hatte die Jalousien in meinem Schlafzimmer nicht ganz runter gemacht. Es strahlte ein bisschen Licht in den Raum. Ich lag zur Seite und schaute gedankenverloren in Richtung Fenster. Wie so oft kreisten meine Gedanken. Ihr kennt das sicherlich auch, wenn der Körper zur Ruhe kommt und das Gehirn arbeitet wie verrückt. Auf einmal wurde es vor meinem Gesicht sehr warm und ich schaute durch eine Nebelwand. Das Fenster konnte ich nicht mehr richtig erkennen. Ihr glaubt gar nicht wie ich da rein gestarrt habe, um irgendetwas zu sehen. Ich wusste nur, es ist jemand direkt vor mir. Man kann das kaum in Worte fassen. Das Gefühl einer starken, ***Präsenz.*** Ich hatte in meinem ersten Buch schon mal davon geschrieben (weißer Nebel und Funken). Diese Geschichte hebt sich von den anderen ab. Hier das Merkmal die Wärme und die schleierartige farblose Trübung vor meinem Gesicht. Ihr Lieben es ist so unfassbar schwer, das so wiederzugeben. Ich wünsche mir für jeden einzelnen für euch, dass ihr so etwas auch mal erleben dürft. Es ist so einzigartig. Mein Papa, war ganz nah bei mir. Auch wenn ich ihn nicht sehen konnte, war dieses Erlebnis für mich das Größte. Am nächsten Tag berichtete ich meiner Mutter davon. Ihr glaubt es nicht. Genau so etwas hat sie auch schon mal erlebt. Wir beide mussten so herzhaft lachen. Wir stellten uns vor, wie wir zwei in einem fast dunklen Raum sind, und mit unseren Augen in etwas rein starren, wofür es keine richtigen Worte gibt. Man muss sich das bildlich vorstellen. Verzeiht bitte. Die richtigen Worte zu finden ist unheimlich schwer. Oh Gott, mein alter Deutschlehrer würde hier durchdrehen.

So, nun aber geschafft! Ein besonderes Zeichen etwas holprig erklärt.

„Papa, du bist großartig, und ich bin sehr stolz auf dich!"

Ein weiteres Erleben der Gegenwart, erlebte mein kleiner Neffe. Im ersten Band berichtete ich von den Funken die plötzlich vor einem sind. Bisher haben wir diese nur in der Dunkelheit gesehen. An einem Tag passierte dann folgendes. Der Kleine saß im Klassenraum und hörte der Lehrerin gespannt zu. Plötzlich sah er vor seinen Augen lauter kleine weiße Punkte. Ich würde sie als Glühwürmchen bezeichnen. Er wusste sofort, dass sein Opi mit ihm den Unterricht verbringt. Ich persönlich finde das so großartig, wie unterschiedlich wir alle diese Zeichen wahrgenommen haben. Was ich aber besonders bemerkenswert finde, dass mein kleiner Neffe trotz Tageslicht, diese kleinen Punkte wahrgenommen hat. Man muss schon sehr konzentriert sein, um sie zu sehen. Das ist nicht einfach. Aber man kann das Erlernen. In Spirituellen Bereichen, werden diese Punkte als Orbs bezeichnet. Versucht es mal. Am besten einfach abends im Bett. Legt euch entspannt auf den Rücken und schaut an eure Zimmerdecke. Wenn es nicht gleich funktioniert, seid nicht enttäuscht. Es braucht seine Zeit, und die müsst ihr euch schon geben. Ich glaube an euch. Ihr werdet sehen, es ist was ganz Wunderbares.

Ein unvergessener Friedhofsbesuch

Die erste Zeit nach dem Tod meines Vaters ging mein Sohn oft zum Friedhof. Im Schlepptau hatte er immer seinen Stiefbruder.

An dem Abend war es schon spät und auch dunkel. Der Vollmond schien am Himmel. Sie öffneten die Friedhofstür und gingen hindurch. Der Weg zur Kapelle war beleuchtet. Kurze Zeit später wurde es auf einmal sehr windig und aus einem der Bäume flogen auf einmal gefühlt tausende von Vögeln heraus. Beide verspürten ein sehr mulmiges Gefühl und ein wenig kam die Angst hoch. Doch als sie an das Grab meines Vaters kamen, wurde den beiden warm und wohlig, und die Angst verschwand. Der Stiefbruder erzählte mir später er fühlte sich unheimlich wohl dort. Beide beteten, das Vater unser. Kurze Zeit danach kam ein Lichtstrahl vom Mond auf das Grab. Und schien an die Stelle, wo die Urne meines Vaters beigesetzt wurde. Beide schauten sich fassungslos an. So etwas hatten sie noch nie gesehen. Sie gingen zum Auto, und riefen mich an. Wie ich im ersten Buch schon erwähnte mein Sohn ist ein Skeptiker was Zeichen aus dem Jenseits betrifft. Aber von dem Erlebnis am Grab, hegte er keinen Zweifel, dass dies sein Opa war.

Was auch immer dieser Wind und die fliegenden Vögel zu bedeuten hatten, lässt sich nur schwer erahnen. Es gibt Erzählungen von erdgebundenen Seelen, die ihren Frieden noch nicht gefunden haben. Ob dem so ist, kann ich selbst nicht beantworten.

Für mich liegt nur klar auf der Hand, dass das Erlebnis am Grab mein Vater war. Sehr auffällig war, der Lichtstrahl. Genau an der Stelle, wo er liegt. Ich finde das sehr außergewöhnlich. Und das Ganze wurde untermauert durch die Wärme und die Ruhe die beiden Jungs verspürten. Ich bedankte mich bei beiden, dass sie mir davon berichteten. Somit konnte ich euch wieder, eine großartige Geschichte erzählen. Ich bin immer wieder erstaunt, was alles möglich ist. Und das ist weiß Gott nicht wenig.

Hilfestellungen im Alltag

Unsere Liebsten sind jeden Tag um uns herum. Sie passen auf uns auf, und versuchen uns zu helfen wo sie können. Ein sehr schönes Erlebnis hatte meine Tochter. Jeder kennt das noch aus seiner Schulzeit. Ein Referat vor der ganzen Klasse halten. Bei meiner kleinen stand dies nun an. Sie hatte große Angst davor. Ihre Worte waren, „Ich trau mich nicht vor der ganzen Klasse zu sprechen. Sie lachen mich doch dann aus." Ich nahm sie in den Arm und sagte; „Du kannst das. Weitner` s schaffen immer alles. Und dein Opi wird dir sicher dabei helfen." Am nächsten Morgen setzte ich sie an der Schule ab, und wünschte ihr viel Glück. Ihr Thema war: Vorstellung ihres Lieblingsbuches in Deutsch. Sie ging nach vorne, um ihren Klassenkameraden ihr Projekt vor zu stellen. Plötzlich überkam sie eine intensive Wärme von innen heraus. Jeder würde jetzt sagen, „Na klar durch die Aufregung vollkommen normal." Aber dies, war für sie ein anderes Gefühl. Ihre Angst war auf einmal weg. Sie konnte frei erzählen, und hat die ganze Klasse bei Laune gehalten. Alle waren von ihrem Vortrag begeistert, und stellten ihr viele Fragen über ihr Buch. Überglücklich kam sie nach der Schule nach Hause und erzählte mir von dem gelungenen Tag in der Schule. Sie sagte zu mir, „Mama du hattest recht. Mein Opi hat mir geholfen.“ Ich freute mich so für sie, und sagte ihr wie stolz ich auf sie bin. Das Schöne an der Geschichte ist, durch dieses Erlebnis nahm ihr Selbstvertrauen zu. Und das wird sie das ganze Leben begleiten. Kleine Dinge können sehr prägend sein.

Eine weitere Geschichte erlebte sie auf einem Turnier. Meine Tochter tanzt seit gut zwei Jahren Latein. Die Norddeutsche Landesmeisterschaft stand vor der Tür. Ein besonderes Ereignis für alle Tänzer. Mein Vater liebte ebenfalls das Tanzen. Der Cha-Cha-Cha war einer seiner Lieblingstänze.

Zum besseren Verstehen

Sie war schon einmal auf einer Meisterschaft mit einem anderen Tanzpartner. Die Platzierung ist nicht so gut ausgefallen. Eine herbe Niederlage für beide Kinder. Dies prägt und knackst am Selbstwertgefühl. Die Enttäuschung an das Erlebnis, hatte sie noch vor Augen.

Kommen wir zu dem wunderbaren Tanztag. Nachdem meine kleine fertig gestylt war, betrat sie den Tanzsaal. Plötzlich verspürte sie dasselbe Gefühl, wie bei ihrem Referat. Das Turnier begann. Der Glanz in ihren Augen, und ihr lächeln, sprachen Bände. Soviel Spaß und Freude hatten, alle beide Kinder. So gut wie an diesem Tag haben sie noch nie im Training getanzt. Am Ende wurden sie in 2 Kategorien Vizemeister. Überglücklich mit zwei Medaillen in der Hand sagte sie mir auf dem Weg nach Hause, „Mama, mein Opi war wieder da, und hat mir geholfen."

Wie ihr seht, bewirken sie ganz viel damit. Den Glauben an sich selbst. Er hat ihr nur Hilfestellung gegeben. Den Rest, hat sie ganz allein gemacht.

Hinweise von unseren Liebsten sind immer sehr unterschiedlich. Jeder Mensch ist anders und nimmt sie auch anders wahr. Lernt euch zu öffnen. Zeichen sind keine Zufälle, und sind nur für euch bestimmt. Haltet in eurer Umgebung Ausschau nach Eindrücken, die nicht zu eurem Gesamtbild passen.

Zahlen/Engelszahlen

Immer mal wieder begegnen uns im Alltag Zahlen die wir an verschiedenen Orten sehen. Z.B. an Nummernschildern, an Plakaten, im Fernsehen oder auch an anderen bekannten Orten. Viele dieser Nummern sehen wir direkt vor unserer Nase. Es kann ein Jahrestag, ein Geburtstag, der Todestag oder z.B. die Zeit, zu der sie verstorben sind, sein. Als Zeichen des Himmels können unsere Lieben uns dazu bringen Zahlen zu sehen, die von uns von Bedeutung sind. Mit diesen Zeichen wollen sie uns zum Nachdenken bringen.

Als meine Mama vom Heim meiner Oma nach Hause fuhr, war vor ihr ein schwarzer Mercedes. Dass gleiche Auto was mein Vater zu Lebzeiten gefahren hat. Die Buchstaben, des Kennzeichen waren tatsächlich dieselben. Die Ziffern allerdings auf dem Nummernschild waren die Zahlen 777. Engelszahlen! Diese, sind eine Reihe von sich wiederkehrenden Nummern, die euch in eurem Alltag begegnen. Es ist kein Zufall, dass man bestimmte Zahlen sieht.

Als meine Mutter zuhause ankam, rief sie mich an und erzählte mir von diesem außergewöhnlichen Erlebnis. Da ich in der Engelesoterik noch nicht so belesen war, schaute ich für sie nach was diese Zahlen zu bedeuten hatten. Ich bin tatsächlich fündig geworden. Sie haben die Bedeutung, dass demjenigen, ein Wunder geschehen wird. Es liegt an jedem selbst, dies zu glauben.

Die Frage die **wi**r uns persönlich stellten. Was ist das Wunder? In meinem ersten Band erzählte ich euch von einem sehr außergewöhnlichen Handybild an Weihnachten. Ich habe dies für euch im ersten Buch verewigt. Ihr könnt es euch jederzeit dort ansehen. Mein Vater hatte ein halbes Selfie von sich gemacht.

Ich habe mich in all den Monaten viel belesen, aber so etwas hat es bisher noch nirgendwo auf dieser Welt gegeben. Vielleicht war das, **das Wunder.** Wir haben beschlossen unsere Augen weiter offen zu halten. Mal schauen, was mein Papa uns noch alles in den Weg legt.

Ein kleiner Rat

Jeder von uns hat einen Schutzengel. Der ehemalige „Kollege“ meines Vaters, hat mir erzählt, dass für mich der Erzengel Michael bestimmt ist. Die Ableitung von meinem Namen. Der heilige Engel ist ein mächtiger und kraftvoller Kämpfer. In einer seiner Hände hält er ein Schwert. Er stärkt innere Kraft und Mut. Für mich ist das Entscheidende „das Kämpfen.“ Das Spiegelbild meiner Seele. Wenn ich etwas nicht versuche, werde ich nie wissen, ob ich es geschafft hätte. „Meine Bücher“. Meine ganze Kraft und Liebe stecken in diesen Zeilen. Auch wenn ich mich manchmal frage, was mache ich hier eigentlich? Aber ich habe ein Ziel vor Augen: Euch zu helfen. Einfache Worte in liebevolle Sätze verpacken. Denn gerade dann können kleine Worte, sehr viel Trost spenden.

Nimmt euch doch mal die Zeit und findet heraus welcher Schutzengel für euch bestimmt ist. Ich bin mir sicher, dass ihr fündig werdet. Wir können Engel zwar nicht sehen, aber es genügt, dass sie uns sehen. Mit ihrer Hilfe können wir noch vieles im Leben erreichen. Wichtig ist einfach:

Der Glaube daran!

Unerwartete Begegnungen

Wir alle haben den Wunsch unsere Liebsten noch mal wieder zu sehen. Ein gutes Gespräch, eine Umarmung, ein Lächeln einfach alles. Was würden wir nicht alles dafür geben, um dies nochmal erleben zu dürfen. Verstorbene sind in der Lage unerwartet in unser Leben zu treten. Genau dann, wenn wir nicht damit rechnen. Das kann in Form eines Traums seins oder auf der Straße, oder einfach auf einem Bild erscheinen. Die Möglichkeiten sind unendlich groß.

Meine Mutter hatte ein interessantes Handyerlebnis. Wir ihr alle sicher wisst kann man Fotos einem Kontakt im Handy hin zu fügen. So hat man immer gleich ein Gesicht vor Augen, wenn man angerufen wird. An einem Nachmittag, rief ich meine Mutter über What's-App an. Plötzlich sah sie meinen Vater Riesen groß auf dem Handydisplay. Er lächelte sie aus vollem Herzen an. Sie war völlig irritiert. „Das war doch noch nie, wenn du mich angerufen hast“, meinte sie zu mir. Bis zu diesem Vorfall, ist ihr nie aufgefallen, das dieses Bild erscheint, wenn ich mich bei ihr melde. Ich gebe zu, ich konnte es mir ebenfalls nicht erklären. Ich war der Meinung, dass sie das Familienbild sieht, was ich als Profilbild bei What`-App habe. So ein Bild habe ich gar nicht von meinem Vater. Das gesamte Telefonat gestaltete sich sehr schwierig. Die Verbindung wurde immer wieder unterbrochen. Wir beide wussten sofort, dass da jemand in der Leitung ist, und mussten herzhaft lachen. Es ließ mir aber keine Ruhe, und ich wollte wissen, welches Foto meinem Kontakt hinterlegt wurde. Wir beide beschlossen, dass ich mir beim nächsten Besuch das Ganze einmal anschaue.

Ein paar Tage später, fuhr ich dann zu ihr hin. Wir legten beide Handys neben einander und ich drückte auf den Anrufknopf. Auf ihrem Display erschien ein gemeinsames Bild meiner Eltern auf einer Plattform in den Bergen. Aber jetzt kommt das Außergewöhnliche. Er lächelt auf dem Bild gar nicht. Im Gegenteil, er zieht verschmitzt eine Schnute. „Hm, das ist jetzt schon sehr merkwürdig.“ Ich wies meine Mutter darauf hin. Sie betonte aber nochmals, „Ich habe deinen Vater alleine auf dem Display Riesen groß gesehen, und er hat mich aus vollem Herzen angelächelt.“ Sie selbst war in diesem Moment des Anrufs, nicht mit drauf.

Das Handy gehörte meinem Vater. Er muss dieses Bild damals für meinen Namen gewählt haben. Für mich ist einfach das Erstaunliche, das Lachen. Wie ist das möglich? Aus einer verschmitzten Schnute hat mein Papa, ein herzliches Lächeln gezaubert. Diese Botschaft kam vom Herzen und war in diesem Moment, nur für sie bestimmt.

Zitat von Ratinger, Heidi Maria

„Ein Lächeln ohne Worte, ist eine Antwort mit Blick ins Herz.“.

Dieses Zitat ist so passend für diese Geschichte. Wir werden nie eine Antwort darauf bekommen. Keine Wissenschaft, keine Quantenphysik, könnte dies jemals erklären. Das ist mit unseren fünf Sinnen nicht vorstellbar. Es spielt einfach keine Rolle. Der Moment ist entscheidend. Es ist ihm wieder gelungen, sich auf unerklärliche Art bemerkbar zu machen. Großartig!!

Eine weitere außergewöhnliche Geschichte erlebte meine Nichte. Meine Schwester hat im Essbereich einen langen Tisch. Links vom Tisch stehen eine Bank, und rechts die Stühle. Meine Nichte wollte in die Stube gehen, und betrat den Raum. Plötzlich sah sie an einem Stuhl die Hand ihres Opas. Sie sagte es mir so, „Es sah so aus, als ob er sich an diesem Stuhl festhält.“ Sie hat die Hand zweifelsfrei erkannt. Voller Freude lief sie zu ihren Eltern, und berichtete davon. Später erfuhr auch ich von dieser Geschichte. Wir beide haben abgemacht euch in diesem Buch davon zu erzählen. Es ist nur eine kleine Begegnung gewesen. Aber für meine Nichte war die Größe nicht entscheidend. Es war die Momentaufnahme und die hat ihr, Freude bereitet. Sie hat die Hand meines Vaters real gesehen. Ein wunderschönes Lebenszeichen, von ihrem Opi. Unsere Hände sagen mehr als tausend Worte.

Autor unbekannt

„Gib mir deine Hände. Ich werde sie halten, wenn du Angst hast, ich werde sie wärmen, wenn dir kalt ist, ich werde sie streicheln, wenn du traurig bist und eins werde ich immer tun. Sie niemals loslassen."

Es gibt so viele wunderbare Zitate, die uns immer wieder vor Augen führen, worauf es im Leben ankommt.

Fotos, Bilder und andere Gegenstände

Gegenstände werden bewegt oder verschwinden und tauchen dann plötzlich an anderer Stelle wieder auf. So etwas ist euch sicher schon mal aufgefallen. Ich bin mir sicher, dass ihr oft an euch gezweifelt habt, ob ihr nicht selbst an diesen Dingen schuld wart. Ich persönlich gebe zu, diese Momente hatte ich auch. Es kann vorkommen, dass sie ein Foto von ihm/sie oder von den anderen Familienmitgliedern von der Wand fallen lassen. Oder ein Bild, das auf einer Anrichte steht, kippt ohne ersichtlichen Grund einfach um. Dies ist meiner Tochter im ersten Buch passiert.

Ein anderes Ereignis passierte meiner Mutter. Sie hat in der Stube in der Fensterbank einen durchsichtigen Klemmrahmen. In diesen Rahmen ist ein Bild von meinen Urgroßeltern, so wie meinem Opa, meiner Oma und natürlich meinem Vater. Gar nicht so einfach sie alle sichtbar dort ein zu fügen. Der Rahmen ist nicht sonderlich groß. An einem Nachmittag kam meine Mutter vom Einkaufen und ging in die Stube. Sie sah auf einmal, dass das Bild mit meinen Urgroßeltern auf dem Boden lag. „Hm", dachte sie sich, das war doch vorher nicht. Meine Mama rief mich kurze Zeit später an, und berichtete mir davon. Uns beiden war klar, dass dies mein Vater war. Großartig!!

Wie ich schon im ersten Band berichtete, war ich nach dem Tod meines Vaters oft an den Wochenenden bei ihr. Da ich nun von dem herunter gefallenden Bild wusste, achtete ich nun häufiger darauf, ob sich die Fotos im Rahmen noch mal verändern würden. Und so war es dann auch. Sie war beim Nachbarn. Ich fuhr früher, wie geplant mit meiner Tochter zu meinem Elternhaus. Wir beide setzen uns in die Stube, um auf sie zu warten. Ich schaute zur Fensterbank, und sah dass das große Bild meines Opas halb aus dem Rahmen hing. Es hätte nicht mehr viel gefehlt, dann wäre es heruntergefallen. Nachdem meine Mutter zurück kam, zeigte ich es ihr. Sie sagte mir, dass sie es nicht gewesen sei. Sie war ebenfalls erstaunt darüber.

Wie man sieht, sie können so viel. Und man fragt sich immer wieder, wie ist das möglich?

Darum möchte ich euch gerne mal etwas, **sehr** auffallendes erzählen. Ich, weiß nicht genau in welche Kategorie ich diese Geschichte einfügen soll. Deswegen habe ich mich für diese entschieden. Wie ich euch schon mehrmals schrieb, liebte mein Vater die Vögel. Vor

Jahren kaufte ich ihm ein Vogelbuch zu Weihnachten. Er liebte diesen Band sehr. Nach längerer Zeit fiel mir auf, dass es schon sehr abgenutzt war. Ich entschied mich ihm ein neues zu kaufen. Ein etwas dickeres Buch mit 398 Seiten. Viele heimische Vögel findet man dort. Doch es war nicht das Gleiche. Und er griff immer wieder zu dem alten. Das Buch lag in der Schublade in der Stube. An einem Wochenende passierte dann folgendes:

Ich fuhr Freitag mit meiner Tochter zu meiner Mutter, um sie auf zu muntern. Der Verlust nahm sie wieder sehr stark ein. Ich stand auf der Terrasse und sah auf einmal einen Vogel, den ich noch nie gesehen hatte. Auch kann ich mich nicht erinnern, dass mein Vater mir davon erzählt hat. Und das hat er immer gemacht. Er musste uns immer berichten, wer alles zu Besuch bei ihm war. Meine Mutter und ich schauten im Internet nach. Im alten Vogelbuch sind wir leider nicht fündig geworden. Es war nicht richtig heraus zu lesen, ob es ein heimischer ist. Doch wie die Dinge manchmal so sind, wird man durch irgendetwas abgelenkt und vergisst es dann wieder. Am nächsten Morgen sah ich ihn dann wieder. Nun wollte ich doch wissen, wo er her kam. Ich bat meine Mutter in dem großen Vogelbuch nach zu schauen. Sie ging zur Schublade und holte es heraus. Plötzlich sagte sie zu mir, „Das glaubst du jetzt nicht.“ In dem Buch ist ganz vorne ein Lesezeichen angehängt. Dieses war auf Seite 107 eingeklappt. Sie brauchte nur eine Seite zurück blättern, und da war der Vogel abgebildet .Auf Seite 205. Den, den wir beide, wir wild im Internet gesucht hatten. Es ist nicht einfach, wenn man nicht genau weiß, wonach man suchen soll. Mit ein paar Stichpunkten, sind wir dann ja irgendwann fündig geworden. Aber warum haben wir nicht gleich in dem großen Vogelbuch nachgeschaut. Das Buch lag vorher ganz normal in der Schublade. Das Lesezeichen war auf der ersten Seite eingeklappt. Ich weiß das so genau, weil ich nach dem Tod meines Vaters, mir dies noch mal angesehen hatte. Warum ich das gemacht habe, kann ich mich nicht mehr erinnern.

Aber so sieht das ganze aus. Ich hoffe ihr könnt es gut erkennen. Lesezeichen eingeklappt!

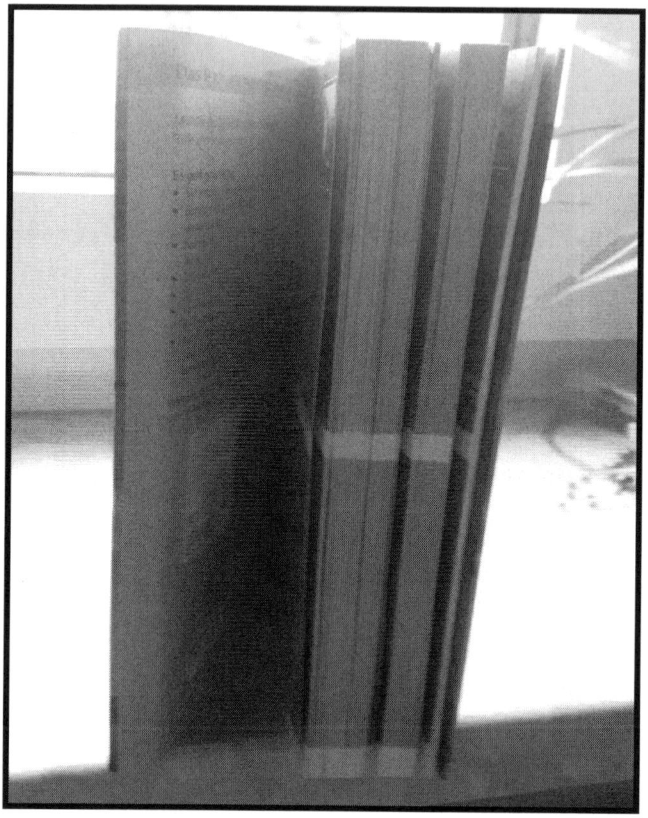

Unglaublich, oder? Mein Vater hat sich für uns die Mühe gemacht, und hat ihn uns quasi auf dem „Silbertablett" serviert. Vertan hat er sich **nur** um **eine** Seite.

Der Vogel ist ein Hausrotschwanz. Ich habe so einen Vogel noch nie gesehen. Meine Mutter, kann sich daran nicht erinnern, ob dieser Vogel zu Besuch da war, als mein Vater noch lebte. Sie hat ihn nur einmal **nach** dem Tod gesehen. Aber ihm keine Beachtung geschenkt. Mir ist er aufgefallen, weil er hinten am Rücken zwei weiße

Punkte in seinem Federkleid hatte. Ich fand ihn schön. Für mich ein sehr seltener Vogel. So einen sieht man nicht alle Tage.

Was sagt ihr dazu? Unglaublich, oder? Ich bin ehrlich. Mein Vater schafft es immer wieder, uns sprachlos zu machen. Im ersten Moment weiß man gar nicht, wie man das in Worte packen soll.

All diese Dinge sind wahrheitsgemäß so passiert. Es ist mir wichtig, dass ihr das wisst. Es gibt so viele Menschen, die nicht daran glauben. Man kann Zehn Leute befragen, und man bekommt Elf unterschiedliche Antworten. Mir bedeutet das sehr viel, euch meine Geschichten zu erzählen. Es ist ein schöner Auftrag, den mein Vater mir in meine Hände gelegt hat. Menschen zu helfen. Vielleicht ist das auch durch meinen Beruf. Ich liebe die Arbeit mit Menschen. Ich bin angestellt in einer kleinen Dorfpraxis. Es ist wie eine Familie. Ältere Menschen werden für mich zu Oma und Opa. Und die Jüngeren, sind wie Freunde. Unterschiedliche Schicksale die jeder einzelne mit sich trägt. So wie ihr. Der Verlust eines geliebten Menschen. Und was braucht man besonders in dieser Zeit?

Einen Freund, der einem die Hand reicht und einem hilft, aus einer schweren Krise wieder heraus zu kommen.

Großartige Hilfe im Haushalt

Ich bin immer sehr fasziniert und oft sprachlos, wenn Dinge passieren, von denen ich noch nie gehört habe. Es ist einfach unglaublich und manchmal nicht in Worte zu fassen. Darum möchte ich euch ein besonders **großartiges** Erlebnis erzählen.

Nach dem Tod meines Vaters hat meine Mutter ein kleines Zimmer im Haus renoviert. Es sollte daraus ein Büro werden. Nachdem alles neu gestrichen war, fuhr sie mit meiner Schwester zu Ikea, um neue Möbel zu kaufen.

Wie ich schon mehrmals erzählte, hat meine Mutter ein sehr enges Verhältnis zu ihrer Nachbarin. Einer ihrer Töchter baut für ihr Leben gern Möbel auf, und half meiner Mutter dabei. Auch ein Schreibtisch fand ein neues Zuhause. Auf der Arbeitsplatte ist eine kleine Öffnung, durch die man Kabel durchziehen kann. Um diese zu verschließen wird eine Plastikbuchse benötigt. Alles muss schließlich ordentlich verlegt werden. Nachdem alles aufgebaut war, kaufte meine Mutter die Dekoration ein. Dazu gehörte auch eine neue Schreibtischlampe. Voller Freude schickte sie meiner Schwester und mir ein paar Fotos von dem neuen gestalteten Raum. Meine Schwester sah gleich, dass das Kabel von der Lampe nicht durch die Buchse gezogen war, und bat meine Mutter dies nach zu holen. Am nächsten Tag ging sie in das Zimmer, um die Dose ab zu machen. Sie wollte das Kabel ordnungsgemäß da durchziehen. Es ging aber nicht. Sie bekam die Dose einfach nicht aus dem Loch heraus. Was sie auch versuchte, führte zum selben Ergebnis. Die Dose war fest verankert. Sie ließ, sich nicht bewegen. Das ist schon sehr frustrierend, wenn es nicht funktioniert. Sie nahm sich vor, das noch einmal an einem anderen Tag aus zu probieren. Auch dieser Versuch schlug fehl. „Verdammt“, dachte sie sich. Sie wollte das doch so gerne alleine schaffen. Nach langem Überlegen beschloss sie das so zu belassen bis meine Schwester mal zu Besuch kommt. Mit Ikea Möbeln hat **sie,** sehr viel Erfahrung.

Nach circa drei Wochen putzte sie in dem Zimmer das Fenster und sah auf einmal, dass das Kabel ordnungsgemäß verlegt war. Sie rief mich an und erzählte mir davon, und fragte meine Tochter und mich, ob wir das waren. Denn in der Zwischenzeit waren wir wieder da zu Besuch und meine kleine hatte in dem Zimmer ihre Hausaufgaben gemacht. Wir beide verneinten dies. Ich hatte das zwar gesehen, dass es so ordentlich verlegt war, wusste aber nicht, dass das eigentlich noch gar nicht passiert war. Wir redeten lange darüber. Meine Mutter betonte, „Ich bin oft im Zweifel, wenn etwas geschieht, aber da bin ich mir zu **300 %** sicher, dass ich das nicht war.“

Für mich lag das gleich klar auf der Hand. Mein Papa hat geholfen. Einfach unglaublich. Das ist nicht Worte zu fassen. Und nun, schaut euch die Bilder an.

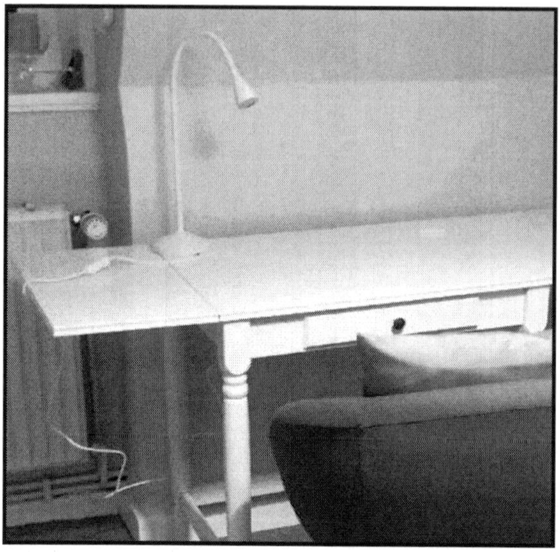

Vorher!! Ziemlich „unordentlich“ das Ganze. Wie ihr seht liegt das Kabel auf dem Schreibtisch auf der linken Seite. Die Buchse befindet sich aber rechts.

Nachher!!Ordentlich verlegt:). **Diese Dose** hat sie nichtherausbekommen.

Und nun hätte ich gerne von euch ein Statement:). Man muss sich das Ganze mal vorstellen. Mein Vater muss sehr viel Kraft eingesetzt haben, um die Dose dort heraus zu bekommen. Auch das Feingefühl, muss sehr ausgeprägt sein. Er ist jetzt seit neun Monaten nicht mehr bei uns. Wie schnell hat er gelernt. Wahnsinn. Ich versuche mir das immer vor zu stellen. Man ist als feinstoffliche Energie unterwegs, und man kann damit offensichtlich großartige Dinge in Bewegung bringen.

Mogeln ist nun nicht mehr möglich

Jeder der Kinder hat, kennt dies. Der Machtkampf bei den Hausaufgaben. So war es auch bei dieser Geschichte. Meine Tochter hatte mal wieder keine Lust ihren schulischen Verpflichtungen nach zu gehen. Nach mehrmaligen hin und her, setzte sie sich an ihre Aufgaben. Da ich noch Essen vorkochen musste, ging ich in die Küche. Ich setzte, das Bauchfleisch an. Eintopf stand auf der Tagesordnung. Nun musste ich noch die Eieruhr stellen: Auf eine Stunde. Neben bei schnippelte ich die Möhren. Nach circa 5 Minuten klingelte sie plötzlich. Ich ging hin und schaute sie mir an. Nichts deutete auf einen Defekt hin, denn sie tickte ganz normal weiter. „Hm“, dachte ich, die spinnt wohl heute ein bisschen. Ich widmete mich weiter den Möhren.

Während ich die Vorarbeit machte, knackte sie immer wieder. Komisch das hat die doch noch nie gemacht. Nach ungefähr Fünfzehn Minuten kam mir wie aus dem nix die Hausaufgaben in den Kopf. Ich ging in das Zimmer meiner Tochter und traute meinen Augen nicht. Alle Hefte und Mappen lagen verstreut auf dem Bett und sie hockte davor mit einem Tablet in der Hand. Das kleine Fräulein zockte. Ihr Gesicht hättet ihr mal sehen sollen: Verdammt die Mutter hat mich erwischt. Ich nahm ihr das Tablet aus der Hand und ermahnte sie, sie möge doch endlich was für die Schule tun. Danach ging ich zurück in die Küche. Nachdem ich sie betrat hörte die Eieruhr sofort auf zu knacken, und tickte ganz normal weiter. So wie sie es immer gemacht hatte. Ich fing an zu lachen. Jetzt hatte ich es verstanden.

Dieser kleine unscheinbare Gegenstand, hat mich darauf hingewiesen, dass meine Tochter mich austricksen wollte. Mein Vater war so lieb, und hat mich dazu bewegt nach ihr zu gucken. Ich gebe zu, ich hätte es sonst erst wesentlich später getan. Unglaublich. So kommt alles ans Tageslicht.

Ich ging zurück zu meiner kleinen und erzählte ihr, wie es zustande kam, dass ich sie dabei erwischte beim Mogeln. Sie sagte zu mir, „Ich habe mich schon gefragt, warum du so schnell wiedergekommen bist. Damit habe ich nicht gerechnet.“ Tja im Hause Weitner ist schummeln nun nicht mehr möglich. Die Wahrheit kommt schneller ans Licht, als einem lieb ist.

Ein erneutes Treffen mit den Jungs

Die Freunde meines Vaters treffen sich regelmäßig. Sie sprechen sehr viel über ihn, und erinnern sich an die wunderschönen Zeiten, die sie mit ihm hatten. Im ersten Buch erzählte ich euch schon eine Geschichte, wo mein Vater beim Treffen „dabei" war. Ein sehr amüsantes Erlebnis.

Bei **diesem** Treffen war es ein bisschen anders. Einer seiner Freunde legte über einen Stuhl seine Jacke und seinen Schal. Während sie alle vertieft waren im Gespräch, rutschte plötzlich der Schal vom Stuhl. Dies hatte jemand aus dem Augenwinkel wahrgenommen. Eigentlich nichts Ungewöhnliches. Vielleicht lag er nicht richtig auf dem Stuhl. Aber damit nicht genug. Kurze Zeit später rutschte auch die Jacke runter, und aus der Tasche flog das ganze Kleingeld heraus. Wie wir wissen, besitzen die meisten Männer keine Geldbörse. Also alles schön in die Taschen stopfen. Auf dem Fußboden verteilt lagen nun die ganzen Geldstücke. Alle guckten sich fassungslos an. Das war nun nicht zu überhören. Eine gute Idee von meinem Vater, sich so aufmerksam zu machen. Durch das Geräusch der fallenden Münzen haben dies auch **alle** wahr genommen. Großartig!! Mein Papa war wieder dabei. Und das schöne ist: er hat seine Jungs zum Nachdenken gebracht. Nichts geschieht aus Zufall. **Niemand** hatte die Jacke und den Schal berührt, und trotzdem sind beide Sachen heruntergefallen. Ich für meinen Teil bin immer fasziniert, was mein Vater

alles möglich macht. Ich gebe zu, ich frage mich oft, wie er das alles so hinbekommt. Man versucht sich das vorzustellen, aber unsere Fünf (Sechs) Sinne reichen einfach nicht dafür aus um eine Erklärung zu bekommen. Nun möchte ich gerne mal anknüpfen, an die „Sechs“ Sinne. Das Thema ist sehr umstritten. Es wird gesagt, dass wir nur über Fünf verfügen. Wir können bekanntlich hören, sehen, riechen, schmecken und tasten. Aber warum sind wir so bescheiden? Denn wir haben noch einen. Den Gleichgewichtssinn. Dieser wird sehr oft einfach vergessen. Aber damit nicht genug. Verborgen in uns allen haben, wir noch den siebten Sinn zur Verfügung. Wir gewöhnlichen Sterblichen begnügen uns damit, wenn uns jemand von hinten anstarrt oder wir uns beobachtet fühlen. Dabei taucht die Frage auf, womit dieser Sinn operiert. Sehen funktioniert mit Licht, Hören mit Schall und so weiter. Aber wodurch nehmen wir wahr, dass uns jemand ansieht, den wir nicht sehen?
Antwort = Unser siebter Sinn

Die geistige Welt ist schon etwas sehr Außergewöhnliches und macht mit uns sehr viel.

Gegenstände führen ein interessantes Eigenleben

Jeder von uns erinnert sich gern an Geschichten und gemeinsame Gewohnheiten, die man mit dem Verstorbenen hatte. Besonders auch die Einnahmen der

Mahlzeiten. Wir alle haben unterschiedliche Lieblingsgerichte. In meinem ersten Buch war der Rosenkohl der Auslöser, der meinem Vater dazu bewegt hat, einen zweiten Teller hin zu zustellen. In dieser Geschichte geht es um die Nachspeise; Vanilleeis mit Erdbeeren und Sahne.

Meine Mutter stand in der Küche und stellte eine Dessertschale auf die Arbeitsplatte. Der Gefrierschrank meiner Eltern befindet sich im Keller, somit musste sie runter gehen, um das Eis zu holen. Sie befüllte die Schale mit Vanilleeis, und ging im Anschluss gleich wieder in den Keller, um das Eis zu verstauen. Es sollte ja nicht schmelzen. Oben angekommen, betrat sie die Küche und traute ihren Augen nicht. Plötzlich stand eine zweite Schale neben der Ersten. „Das darf doch nicht wahr sein. Wo kommt die denn her?", fragte sie sich. Verdammt ich war nicht dabei. Das Gesicht hätte ich gerne gesehen. Auch hier stelle ich wieder die Frage. Warum sollte sie sich als Alleinstehende Person zwei Schalen hinstellen?

Sie war es nicht gewesen. Mein Vater liebte Eis mit Erdbeeren. Und was auf jeden Fall nie fehlen durfte: Dick Sahne. Er benutzte aber immer das Wort: **big**:) (anstelle, von dick). **Er** hat die Schale dort hingestellt, um sie daran zu erinnern, dass dies zu seinen Lieblingsspeisen gehörte. Durch solche kleinen Anekdoten werden wir immer wieder ein die kleinste Kleinigkeit erinnert.

Nach der Arbeit erzählte meine Mutter mir von diesem Erlebnis. Ich fragte sie diesmal, ob sie irgendwelche Geräusche vernommen hatte, als sie im Keller war. Sie verneinte dies. Wir sprachen lange darüber. Man kann es einfach nicht erklären. Mein Vater hat es geschafft sich so leise zu verhalten, dass sie nichts davon mitbekommen hatte. Ich schlug ihr für die Zukunft vor beim nächsten Mal, wenn sie wieder ein seiner Lieblingsgerichte kocht, einen zweiten Teller hin zu zustellen und ihm ein wenig aufzutun. Warum, einfach nicht? Sie bezieht ihn überall mit ein. Die Mahlzeiten fehlen dort noch. Ich kann es immer wieder nur sagen. Mein Vater ist so außergewöhnlich. Es ist jetzt schon ein 10 Monate her, wo er nicht mehr unter uns ist. Bis jetzt konnte ich euch schon soviel von ihm erzählen. Und ich bin immer noch gar nicht fertig. Unglaublich!

Aber kommen wir zu einer weiteren Geschichte. Es stand wieder ein Schlafwochenende bei meiner Mutter an. Sie kochte am Freitag schon das Essen für Sonntag vor. Nachdem dies fertig war, brachte sie den Topf in den Keller. Auf dem Gefrierschrank meiner Eltern, liegen immer zwei Holzbrettchen. (Unterlage für heiße Gerichte). Ebenfalls auf dem Schrank lag eine Schraubnuss. Die hatte sie beim letzten Gebrauch vergessen weg zu räumen. Während sie den Topf abstellte, sah sie aus dem Augenwinkel wie diese herunter fiel. Sie hob sie wieder auf und legte sie dort wieder ab, mit dem Gedanken, „Die räume ich beim nächsten Mal weg.“

Es wurde nun Sonntag. Zum Frühstück gibt es immer Brötchen. Die befinden sich im Gefrierschrank. Sie ging in den Keller. Plötzlich hörte ich von unten ein schallendes Gelächter und den Satz: „Nein, nein das glaub ich jetzt nicht.“ Sie bat mich herunter zu kommen. „Jetzt guck dir das mal an. Das war ich im Leben nicht. Ich bin mir zu **300 %** sicher.“

Ich muss immer so lachen, wenn sie das sagt. Und diese Augen einfach göttlich.

Aber glaubt mir, so ähnlich gucke ich auch immer, wenn wirkliche komische Sachen passieren. Dicke Sprechblasen über dem Kopf, und man kann das nicht begreifen. Um es mal amüsant aus zu drücken: Reif für die Klapse:).

Und nun zeige ich euch, was mein Vater veranstaltet hat:).

Er hat die Schraubnuss zwischen Brettchen und dem Topf gepackt. Ich kriegte mich nicht mehr ein, vor Lachen. Mir fällt das Schreiben hier schon schwer:). Ich finde gar keine Worte dafür. Meine Mutter hat mir genau gezeigt, wie es vorher aussah. Sie hinterließ aber alles wieder so, wie er es für uns hingestellt hatte. Ich war Zeuge. Wir beide gingen wieder hoch. Den ganzen Vormittag hatte ich diesen Topf im Kopf. Immer wieder die Frage; Wie hat er das gemacht? Also ich finde, er ist unheimlich erfinderisch. Auf so eine Idee muss man echt erstmal kommen.

Gegen Mittag bat meine Mutter mich dann in den Keller zu gehen um den **„schiefen Topf“** zu holen. (so sagte sie es zu mir). Ich betrat den Raum und stand fassungslos vor dem Gefrierschrank.

Und nun seht was in den zwei Stunden passiert ist.

Das einzige was mir in diesem Moment einfiel: Ich fing so herzhaft an zu lachen. Meine Mutter kam runter, um nach mir zu sehen. „Mama, jetzt guck dir das an, was in den zwei Stunden passiert ist.“ Sie stand vor den Topf und traute ihren Augen nicht. „Genauso, sah das Freitag aus, als ich den Topf abgestellt hatte.“ Nun standen wir beide im Keller und lachten nach Herzenslust. Das ist wirklich unglaublich. Er hat die Schraubnuss, wieder unter dem Topf hervorgeholt, und sie normal abgelegt. Nun wussten wir beide, dass wir nicht geträumt hatten, geschweige denn uns dies eingebildet haben. Eins ist ihm wieder mal gelungen, wir haben wirklich herzhaft gelacht, und das ist etwas was er liebte. Seine Späße haben immer die ganze Familie unterhalten. In jedem

Zeichen was wir bekommen haben, wussten wir immer, dass er es war. **Der unverkennbare Wiedererkennungswert**.

Es ist so ein bisschen wie Magie. So würde ich es beschreiben.

„Der Zauber steckt im Detail."

Theodor Fontane

Ihr glaubt gar nicht, wie oft wir schon gesagt haben, was soll jetzt noch passieren?

Ihr seht er gibt, sich große Mühe. Diese Liebe muss so tief sitzen, dass er sich so mit uns verbunden fühlt. Ich hatte dies im ersten Buch schon geschrieben. „**Gehen**", kam für ihn nie in Frage. Die ganze Familie war alles für ihn. Er hat immer gesagt, wenn wir nicht gewesen wären, hätte er nie solange mit seiner Krankheit durchgehalten.

Die Liebe geht über den Tod hinaus.

Ein schönes Zeichen der Dankbarkeit

Ihr alle habt bestimmt schöne Erinnerungsstücke von euren Liebsten, die eure eigene Sprache sprechen. Man behütet sie wie einen Schatz. Wenn dann mal etwas zerbricht, ist man sehr traurig darüber.

Mir passierte leider etwas sehr Unglückliches. Ich habe von meinen Eltern eine Tasse von der Insel Sylt geschenkt bekommen. Als Kind war ich sehr oft dort oben. Besondere Erinnerungen die man immer wieder gerne abruft. Jeden Morgen habe ich meinen Kaffee aus dieser Tasse getrunken. Doch dann kam der Unglückstag.

Die Tasse stand immer neben der Kaffeemaschine. Die Arbeitsplatte war sehr verschmutzt, somit holte ich einen Lappen, um diese sauber zu machen. Ich bin von Natur aus manchmal sehr ungeschickt. Wie auch in diesem Moment. Voller Elan wischte ich die Platte ab und kam mit meinem Arm gegen die Tasse. Sie fiel herunter auf die Fliesen. „Oh nein Mist “, fluchte ich. In dem Moment kam meine Tochter angerannt und sah mich traurig vor dem Scherbenhaufen stehen. „Was ist passiert?“, fragte sie mich. Ich erklärte ihr wie stoffelig ich wieder war. Mein besonderes Erinnerungsstück war nun kaputt. Die kann man nicht mehr retten. Ich holte ein Kehrblech und fegte alle Teile auf. Auf einmal sagte sie zu mir, „Mama, die klebe ich dir wieder.“ Sie wusste, wie sehr ich an dieser Tasse hing. Ich versuchte ihr zu erklären, dass da nichts mehr zu machen ist. Sie ließ sich aber nicht davon abbringen. „Die hast du von deinem Papa bekommen. Ich habe Nagelkleber. Ich mache die wieder heile.“ Ist sie nicht süß? In dem Moment hatte ich einen dicken Kloß im Hals. Ihr zuliebe legte ich alle Einzelteile auf den Küchentisch. Sie setzte sich hin und klebte mit viel Liebe so gut es ging, sie wieder zusammen. An dem Tag war es warm, und in der Küche war groß Fenster auf. Bekleidet war sie mit einer kurzen Hose und einem T-Shirt. Während des Klebens sagte sie auf einmal, „Mama, mir ist auf einmal **sehr** warm." Sie spürte von innen heraus eine unendliche Wärme. Dieses Gefühl kenne ich selbst sehr gut. Bei der Beisetzung meines Vaters habe ich dies ebenfalls verspürt. Meine Tochter wusste sofort, dass ihr Opi bei ihr war. Denn diese Wärme erkannte sie sofort. Die Erinnerung an ihr Referat sowie bei ihrem Turnier. Ich sprach mit ihr darüber und sagte ihr, „Schau dein Opi bedankt sich bei dir." Die Augen hättet ihr von ihr sehen sollen. Voller Glanz und Glück und ein strahlendes Lächeln. Mein Vater wollte sich auf diese Art bei seiner Enkelin bedanken, dass sie alles dafür gegeben hat, um das Erinnerungsstück zu reparieren. Am Ende fehlte nur ein Teilchen. Dieses war leider so kaputt, und ließ sich nicht mehr einsetzen. Auch der Griff ist nicht mehr ganz in Ordnung.

Meine kleine hat wirklich alles gegeben. Kaffee kann ich daraus nicht mehr trinken. Wir haben sie nun neben seinem Bild und seiner Kerze hingestellt. Die schöne Erinnerung an ihn. Ich bedankte mich bei meiner Tochter und sagte ihr, wie stolz ich auf sie bin. Mich hat diese Geschichte sehr bewegt. Solche Zeichen sind was

Wunderschönes. Es fällt mir sehr schwer die richtigen Worte dafür zu finden. Diese Erfahrungen muss man selbst einmal gefühlt und erlebt haben. Für viele mag dies hier nur eine Tasse sein. Für mich war sie mehr als das. Viele wunderschöne Urlaubserinnerungen von der Insel Sylt. Sie hatte für mich eine sehr besondere Bedeutung. Ich habe diese Tasse bekommen, als mein Vater schon schwer krank war. Mir war immer bewusst, dass ich ihn eines Tages daran verlieren werde. Man hält an so vielen kleinen Dingen fest. Was manchmal so unscheinbar ist, wird am Ende in ein ganz anderes Licht gerückt. Meine Tochter hatte in diesem Moment ein sehr bewegendes Zeichen von meinem Vater erhalten. **Liebe und Dankbarkeit!**

Ich für meinen Teil kann einfach nur dazu sagen:

Danke mein Kind, das du so eisern warst, und mir mein Erinnerung zurückgegeben, hast. Ich habe dich lieb.

Die Technik spielt verrückt

Ihr kennt das sicher auch. Eure Radios, Fernseher, Handys usw. spielen verrückt, ohne dass ihr euch erklären könnt woran es liegt. Wie ich schon im ersten Buch berichtet habe, ist das Stören von Elektrizität eines ihrer Lieblingszeichen. Sie lieben es uns auf Trab zu halten. Was flucht man nicht, wenn die Geräte nicht das machen, was man von ihnen will. Ich kann da ein Liedchen von singen. Dann wollen wir doch mal gemeinsam einen Blick werfen in das chaotische Leben der Technik. Jeden Tag schalten meine Mutter, meine Schwester und ich eine Videokonferenz über What`s-App. Diese findet immer in unserer Gruppe statt, in der auch mein Vater war. Während unserer Gespräche spinnt häufig unsere Verbindung. Eigenartiger Weise sehr gehäuft bei meiner Schwester. Sie ist dann nicht mehr zugeschaltet und fliegt aus der Leitung raus. Für manches gab es eine Erklärung, aber manchmal eben auch nicht. Ich erzählte euch ja bereits, dass meine Schwester eine Skeptikerin ist. Das ist manchmal gar nicht so einfach. Aber Gott sei Dank, ist ihr das auch selber aufgefallen. Denn ab und zu kam dann mal der Satz von ihr: „ Das verstehe ich jetzt nicht." Und wenn sie aus der Leitung flog, haben meine Mutter und ich, jedes mal geschmunzelt. Selbstverständlich befindet sich jemand in der Leitung. Mein Papa!

Aber damit nicht genug. Wir legen noch einen drauf. An einem sonnigen Nachmittag saß ich im Garten und war wieder verbunden mit den beiden Mädels. Mitten im Gespräch, bekam ich auf einmal die Mitteilung, dass mein Datenvolumen auf gebraucht ist. Na ganz klasse, das braucht ja jetzt auch keiner. Ich versuchte den beiden noch mit zu teilen, das ich hoch in die Wohnung gehe, um mich über das W-LAN neu ein zu loggen. Dann beendete ich die Videokonferenz. Mit dem Telefon in der Hand, ging ich zum Treppenhaus. Doch was ich jetzt sehr komisch fand. Ich hörte die beiden verzerrt sprechen, sowie sah ich ihre stehen gebliebenen Bilder auf meinem Display. „ Was ist das denn jetzt? Das geht doch gar nicht.“ Ich hatte doch die Konferenz beendet. Oben angekommen in der Wohnung hängte sich mein Handy auf und nichts ging mehr. Na, super! Ich musste einen Neustart machen. So ein Mist. Ich war schon drauf und dran mein Telefon aus dem Fenster zu schmeißen. Ihr kennt diese Situationen sicher auch. Nach längerem hin und her ging es dann endlich wieder. Ich konnte mich erneut einwählen und wieder an dem Gespräch teilnehmen. Beide fragten mich, was bei mir los war. Ich erzählte ihnen von meinem abgelaufenen Datenvolumen. Scheinbar hatten sie dies dann doch nicht mehr mit bekommen. Plötzlich sagten beide, dass sie eine schwarze Gestalt auf dem Display gesehen haben. In dem Abschnitt, wo normaler Weise mein Profilbild immer erscheint. Die Gestalt sah wohl so aus wie eine Hexe. Beiden fanden, dies sehr skurril. Das geht hier doch nicht mir rechten Dingen zu. Sehr komisch.

Am Ende stand für mich fest, mein Vater hat das Gespräch gestört und somit daran teilgenommen. Wenn man eine Videokonferenz beendet, befindet man sich im normalen Handymenü. Das war in meinem Fall aber nicht so. Ich habe sie beide verzerrt gehört, sowie die Bilder von ihnen gesehen. Auch mein Telefon hat sich total aufgehängt. Ich hatte meine Mühe und Not es neu zu starten. Zu der schwarzen Gestalt auf dem Display, habe ich keine Antwort darauf. Aber beide Mädels haben sie gesehen. Nehmen wir dies, als nicht erklärbares Phänomen hin. Ich stelle immer wieder fest: Handys sind der neue Zeichentrend unserer Liebsten. Für meinen Vater war dies ein leichtes Spiel. Er war ja ebenfalls in dieser Gruppe und war somit mit allen Funktionen von What`s -App vertraut. Ihr fragt euch jetzt sicher, gibt es noch mehrere Geräte die sie stören können? Ich kann dies mit ja beantworten. In meinem ersten Buch war es das Autoradio, was plötzlich von alleine anging, obwohl der Motor abgestellt war. Ich hatte die Botschaft sofort verstanden. Es gibt aber noch andere wunderbare Geräte die sie manipulieren können. Zum Beispiel die großartige Alexa. Den intelligenten Lautsprecher, der das macht was man ihm sagt. Mein Vater liebte diesen und hatte, seine riesen Freude daran. An einem Nachmittag passierte dann folgendes:

Wieder einmal befanden wir uns in unserer alltäglichen Videokonferenz. Meine Mutter war in der Stube und saß auf dem Sofa. Der Fernseher lief im Hintergrund und war auf lautlos gestellt. Während des Gesprächs sah sie aus dem Augenwinkel wie die Alexa plötzlich anging. Das kann man bei dem Gerät wunderbar erkennen, denn es leuchtet oben ein blauer Ring. Plötzlich sprach eine weibliche Stimme für einen kurzen Moment und ging wieder aus. Diesmal habe ich das Gesicht meiner Mutter gesehen. Sehr amüsant :). „Hm, was war das jetzt?“, grummelte sie. Sie erzählte uns beiden, was gerade bei ihr passiert ist. Da dies zu leise war, hatten mein Schwester und ich das nicht mit bekommen. Alexa muss man immer mit Namen ansprechen, sonst macht sie nicht das was man von ihr will. Dieser Name ist aber während des ganzen Gesprächs bei uns allen dreien nicht gefallen. Da sie wohl sehr leise sprach, konnte meine Mutter leider nicht verstehen, was die gute Dame ihr mit geteilt hatte. Das wäre echt noch mal interessant gewesen. Leider bleibt dies jetzt ein Geheimnis. Auch war es nicht die Stimme von Alexa. Diese war ihr vollkommen fremd. Am Ende zählt: Mein Vater befand sich im selben Raum und war bei der Unterhaltung anwesend. Das schöne ist, das meine Mutter dies auch wahr genommen hatte. Super, auch dieses Zeichen hat funktioniert.

Unsere Liebsten sind wirklich in der Lage Geräte zu manipulieren. Für sie ist es wie ein Spielzeug. Wir haben doch schon als Kinder mit Spielzeug gerne gespielt. Was haben wir nicht alle, unsere Eltern geärgert. Knöpfe gedrückt, Lichtschalter betätigt usw. Aber am Ende haben wir alle das gleiche Ziel erreicht. Wir haben die volle Aufmerksamkeit bekommen. Nichts anderes passiert hier auch. Diese Zeichen gehen alle mit einem Ziel einher. Wir können sie nicht übersehen oder überhören. Automatisch wird man zum Nachdenken gebracht.

Und nun geht mal alle in euch. Überlegt was bei euch alles nicht so funktioniert hat. Ich bin mir ziemlich sicher, dass ihr euch in einigen Dingen hier wiederfindet.

Kinder fühlen mit dem Herzen

Wie ihr sicher schon mit bekommen habt, haben meine Nichte und ich ein sehr inniges Verhältnis. Uns verbindet etwas ganz besonderes. Die feine Wahrnehmung zur geistigen Welt. Einige ihrer wunderbaren Geschichten habt ihr ja von ihr schon gelesen. Auch in meinem ersten Band habe ich euch von einer wunderbaren Begegnung berichtet. Ich freue mich immer sehr, wenn sie mir von ihren schönen Geschichten erzählt. Darum habe ich nun eine weitere für euch.

An einem Samstag war sie bei mir zu Besuch. Wir unterhielten uns über mein Buch. Ich erzählte ihr, dass ich ihre Lichterkettengeschichte schon fertig geschrieben habe. Plötzlich fragte sie mich, „Tante Ela hast du auch wirklich an alle Geschichten gedacht? Mein Erlebnis mit der Hand und mit dem Auto.“ Ich finde das immer sehr rührend, wenn sie Tante Ela sagt:). Ich bejahte dies und fragte sie, ob sie denn schon wieder etwas Neues erlebt hat. Sie stand auf und schaute mich mit ihren strahlenden Augen an und sagte, „**Ja** habe ich. In der Schule rieche ich meinen Opa immer, und **den Pfiff** habe ich auch gehört.“

Der unverkennbare Pfiff. Ihr findet die Geschichte in meinem ersten Band. Auch das Riechen des Parfüms meines Vaters ist dort zu lesen. Ich fand das großartig. Geruch- und Gehörsinn haben ihr gezeigt, dass ihr Opa in der Schule auf sie aufpasst und den Unterricht mit verfolgt. Die Wahrnehmung ist bei Kindern sehr ausgeprägt. Sie haben eine andere Denkweise, wie wir Erwachsenen. Meine Tochter ist ebenfalls sehr empfänglich und offen für diese Dinge. Was mich jedoch ebenfalls sehr bewegt hat, als meine Nichte im selben Atemzug erzählte, dass sie ihren toten Wellensittich in der Schule hört. Sie sagte es so. „ Ich höre ihn im Unterricht zwitschern und schimpfen. Das hat er früher auch immer gemacht.“ Ich gebe zu, ich war für einen kurzen Moment sprachlos und fasziniert zugleich. Im Internet habe ich schon einige male gelesen, das Menschen ihre toten Tiere wahr genommen haben. Berichtet wurden von Hunden und von Katzen. Wie man nun erfährt sind auch Kleintiere in der Lage sich bemerkbar zu machen. Wie Kinder doch fühlen, und was für eine besondere Wahrnehmung sie haben. Es ist schon sehr lange bekannt, dass gerade die kleineren imaginäre Freunde haben. Das traurige ist wirklich daran, dass man sie nicht ernst nimmt. Es wird ihnen eingeredet, dass sie sich das nur einbilden. Ich selber habe vor langer Zeit ein Erlebnis in meiner Kindheit gehabt, das ich bis heute nicht vergessen habe. Ich kann leider nicht mehr sagen, wie alt ich war. Aber ich erzähle euch gerne was ich erlebt habe. Ich hatte einen

Alptraum und bin aus Angst zu meinen Eltern ins Bett gekrabbelt. Ich lag zwischen meiner Mutter und meinem Vater. Nach kurzer Zeit hob ich meinen Kopf an, und sah in der Schlafzimmertür zwei Kinder stehen. Sie waren bekleidet in einem weißen Gewand. Auch ihre Gesichter und Haare waren ebenfalls schloh weiß. Ein Junge und ein Mädchen. Der Junge war älter. Ich vermute so um die 8 Jahre alt. Das Mädchen ungefähr 5 oder 6. Ich weiß noch heute ganz genau, wie die beiden aussahen. Wenn ich malen könnte, würde ich sie Detailgenau zeichnen. Sie haben sich an der Hand gehalten und mich angelächelt. Ich hatte große Angst und habe mich unter der Bettdecke versteckt. Nach kurzer Zeit schaute ich hoch, ob sie noch da sind. Sie waren wieder verschwunden. Dann konnte ich einschlafen. Ich habe über dieses Erlebnis nie gesprochen, denn ich wusste meine Eltern würden mir das niemals glauben. Heute viele Jahre später weiß ich, dass ich kein Einzelfall war und bin. Ihr glaubt gar nicht wie sehr mich diese Geschichte immer noch beschäftigt. Wer waren die beiden Kinder? Bis heute habe ich leider keine Antwort darauf. Vielleicht werde ich es irgendwann mal verstehen. Wenn eure Kinder von solchen Erlebnissen berichteten, glaubt ihnen. Man sagt bis zum achten Lebensjahr, können sie sich an ihrer vorherige Leben erinnern. Es wichtig, das man sie ernst nimmt und hinterfragt, was sie erlebt haben. Es gibt nichts schlimmeres, wenn einem nicht geglaubt wird. Denn dies verfolgt einen, ein ganzes Leben und bleibt am Ende immer ungeklärt.

Stimmen

Wie ihr ja mit bekommen habt, bin ich sehr wissbegierig geworden. Ich lese und recherchiere sehr viel. 1959 entdeckte der Kunstmaler **Friedrich Jürgenson** eine seltsame Stimme auf seinem Tonband. Eine Stimme aus dem Jenseits. Dies bezeichnet man heute als Transkommunikation. Desweiteren, bin ich auf ein sehr interessantes Video bei Youtube gestoßen. Eine junge Frau hatte einen Verlust erlitten. Auch sie wollte dies nicht so hin nehmen, und berichtete von einem interessanten Versuch. Jedes Handy hat eine Diktierfunktion. Sie stellte dort eine Frage, und lies das Band laufen. Nach mehreren Anläufen, hörte sie eine Stimme aus dem Jenseits. Ich schaute gleich auf meinem Handy nach, und stellte fest: Tatsächlich, ich habe ein Diktiergerät. Ich startete einen Probelauf, um mich mit der Funktion vertraut zu machen. Natürlich passierte nichts Außergewöhnliches. Dabei beließ ich es auch erstmal.

Wochen später erzählte mir meine Mutter, das der Deckel von der Nudelsalatschale schräg oben auf lag. Sie war im Zweifel, ob sie es nicht selbst war. Wie aus dem nichts kam mir das Diktiergerät auf einmal in den Kopf. Da haben wir es wieder. „**Das Lenken der Gedanken**."

Ich kann mir das sonst nicht anders erklären. Denn sind wir mal ehrlich. Wo haben Nudelsalat und Diktiergerät eine Gemeinsamkeit? Antwort=Null :). Und nun, lest selbst, warum mir dies in den Kopf platziert wurde. Ich erzählte meiner Mutter von meinem neuen Wissen. Wir beide beschlossen es einfach mal aus zu probieren. Ich hatte sie am Festnetzhörer und legte den neben meinem Handy. Der Lautsprecher war an. Nun lies ich das Band laufen und meine Mutter sprach. Nach kurzer Zeit fragte sie meinen Vater, ob er das war mit der Nudelsalatschale. Sie machte kurz Pause und wir beendeten die Aufnahme. Dann hörten wir beide gemeinsam das Band ab. Und jetzt kommt es. Tatsächlich kam auf die Frage eine Antwort. Man hörte verzerrt eine männliche Stimme. Wir verstanden im ersten Moment drei Wörter. Es klang wie: **ob das geht**. Meine Mutter sagte, „ Ich habe gerade Gänsehaut." Dann fing sie an zu weinen. Ich versuchte sie zu trösten. Wir sprachen lange darüber. Ich bin meinem Vater unendlich dankbar, denn nur durch die Aufnahme, konnten ihre Zweifel beseitigt werden. Deswegen kam mir das in den Kopf. Genial, oder? Das ist etwas, was ich immer noch nicht verstanden habe. Sie können unsere Gedanken manipulieren, und lenken uns somit in die richtige Richtung.

Ich kann es bis heute immer noch nicht glauben. Aber es ist wirklich genau so passiert. Meine Mutter war sehr glücklich darüber. Trotz das die Stimme verzerrt war, und auch nicht original seine war, war dies das Größte, was man Vater hier für uns hinterlassen hat. Erster gemeinsamer Versuch, und es hat gleich funktioniert. Ich zeigte es meiner Tochter. Auch sie war voll kommen sprachlos, und hat ebenfalls die männliche Stimme vernommen. Dann schickte ich es meinem Sohn. Er hat die Aufnahme auf dem Laptop verfeinert. Und nun die kommt die wirkliche Antwort zum Vorschein: **Jop das war ich**. In der Zwischenzeit befasste ich mich noch mal mit meinem Diktiergerät und sah, dass man die Spur verlangsamen konnte. Und tatsächlich hörte man deutlich heraus**: ja ich war das**. Ich rief meine Mutter den nächsten Tag an, und erzählte ihr davon. Sie berichtete mir, dass sie den gleichen Abend der Nachbarin die Aufnahme vor gespielt hatte. Auch sie hat die männliche Stimme gehört. Ich kann sie euch leider nicht vorspielen, denn das ist ja ein Buch. Aber den Beweis, habe ich wirklich auf dem Handy. Unabhängig von allen Beteiligten, habe das auch wirklich alle gehört.

Eine weitere Geschichte erzählt, was ein Diktiergerät noch zaubern kann. Der erste Urlaub ohne meinen Vater rückte immer näher. Die Phasen des traurig seins wurden wieder mehr. Auch bei meiner Mutter. Da sie nun mit dem Diktiergerät vertraut war, sprach sie natürlich mehrmals mit ihm, erhielt aber leider nie eine Antwort. Bei diesem Erlebnis bekam sie etwas Außergewöhnliches **zu sehen**. Sie nahm ihr Handy in die Hand und sprach, „ Ach Papa mir geht es heute nicht so gut. Ich wollte dir nur sagen, wie lieb ich dich habe. Hast du mich denn auch noch lieb?“ Das Band lief weiter. Nach einer Minute drückte sie auf Stop. Sie wollte die Aufnahme abspeichern, aber es ging nicht. „ Hm, „ dachte sie sich. „ Ich höre es mir nochmal an, vielleicht geht es dann.“

Bei jedem Diktiergerät ist die waagerechte Aufnahmelinie grau. Der senkrechte Balken ist rot. Und nun erzähle ich euch, was bei meiner Mutter passiert ist. Sie drückte auf den Playknopf, um sich das Aufgenommene noch mal an zu hören. Die Waagerechte Linie war aber nicht grau, **sondern knallrot**. Sie starrte auf ihr Handy, und war völlig sprachlos. Ihre Reaktion darauf , „ Papa**, rot ist die Liebe**.“ Er konnte scheinbar nicht sprechen, aber durch die Veränderung des Farbtons der Spur, hat er ihr seine Liebe zum Ausdruck gebracht. Sie war so aufgeregt und unheimlich glücklich darüber.

Da ich schon geschlafen hatte, musste sie bis zum nächsten Tag warten, um mir von dem unglaublichen Erlebnis zu erzählen.

Sie sagte zu mir, „Ich verstehe es so. Rot ist die Liebe. Ich habe meine Antwort bekommen.“ Ich wusste erst gar nicht was ich sagen sollte. Desweiteren erzählte sie mir, das jemand im Hintergrund geatmet hat. Es war aber nicht ihr eigener. Für uns beiden lag klar auf der Hand, das dass mein Vater war. Er war mit im Raum. Vielleicht konnte er in diesem Moment einfach nichts sagen. Aber das ist nicht entscheidend. Die rote Linie hat mehr damit ausgedrückt, als das jemals Worte könnten. Dieses Zeichen hat ihr unheimlich gut getan. Speichern ging leider nicht mehr. Durch seine Energie wurde das Handy scheinbar gestört. Aber das ist nicht schlimm. Der Moment war für meine Mutter wunderbar.

Nach dem Telefonat berichtete ich meiner Tochter davon und fragte sie, ob sie wüsste, was ihr Opi damit sagen wollte. Ich habe einfach mal auf dumm getan.

Sie guckten mich mit ihren Augen an und sagte, „ Mama, natürlich weiß ich das. Rot ist die Liebe.“ Großartig oder? Im selben Atemzug kam dann von ihr, „Mama, das musst du unbedingt für deine Leser in dein Buch schreiben.“ Wie ihr seht, habe ich das getan. Mein Kind denkt mit. Wir wollen doch nichts vergessen. Ich persönlich, bin echt überwältigt wie viele Geschichten schon zusammen gekommen sind. Und das alles hat nur eine Person gemacht. Mein Vater! Ich kann es immer nur wieder sagen. Er war schon immer sehr außergewöhnlich. Selbst die Ärzte hatten keine Erklärung dafür, wie seine Krankheit verlaufen ist. Sechs Jahre nach so einer Diagnose. Es gibt kaum Studien darüber. Nach Feststellung bei so einer Erkrankung, liegt die Überlebenszeit bei einem dreiviertel Jahr. Ihr seht, weit aus darüber. Anhand dieser vielen Geschichten, sieht man auch hier, dass es keine Studien darüber gibt, das eine einzelne Person, soviel möglich machen kann. Und ich habe mich wirklich **viel** belesen.

Probiert es mit einem Diktiergerät einfach mal aus. Tut mir nur einen Gefallen, seid nicht traurig wenn es nicht gleich funktioniert. Die Dame bei Youtube hat zig Anläufe gebraucht bis etwas zu hören war. Auch meine Mutter bekam bis jetzt keine erneute Antwort mehr. Stellt euren Liebsten eine Frage die euch am Herzen liegt und hofft darauf, dass ihr eine Antwort erhält. Ich würde mich für euch riesig freuen, wenn es funktioniert.

Ich drücke euch von Herzen allen die Daumen!

Zeichen des Himmels

Ich hatte euch ja schon berichtet, dass man Zeichen in Form von Wolken sehen kann. Aber es gibt noch etwas anderes, was uns beim Blick in den Himmel erwartet. Wenn wir alle in der Schule aufgepasst haben, müssten wir noch wissen, wie ein Regenbogen entsteht. Sie kommen ziemlich selten zum Vorschein. Meist zum Frühjahr und zum Herbst.

Für uns alle nochmal zur Erinnerung: Die Sonne trifft auf einen Regentropfen, dabei wird sie gebrochen und in ihre farbigen Bestandteile zerlegt. Die einzelnen Farben können wir nur sehen, weil das Licht vom Regen reflektiert wird. Die Sonne und der Regen müssen gleichzeitig auf einander treffen.

In meiner Geschichte waren diese Voraussetzungen nicht ganz gegeben. Es war Abendbrotzeit und meine

Tochter und ich standen in der Küche und bereiteten unser Essen vor. Plötzlich schaute sie aus dem Fenster und sagte zu mir, „ Mama schau mal, da ist ein Regenbogen.“ Ich wandte mein Blick dorthin und sah ihn. Ich ging zum Fenster um nach zu sehen, ob es geregnet hatte, denn ich hatte so nichts mit bekommen. Die Straße war aber trocken. Kein Regen in Sicht. Ich griff zu meinem Handy und machte ein Foto, denn es war nur noch ein kleines Stück von ihm zu sehen. Danach schrieb ich meine Mutter an, und fragte sie, ob es bei ihr geregnet hatte. Sie wohnt ungefähr zehn Kilometer von mir entfernt. Und der Regenbogen kam aus ihrer Richtung. Sie verneinte aber dies. Kurze Zeit später schrieb sie mich erneut nochmal an. „ Du hast mir doch mal berichtet, dass ein Regenbogen ebenfalls ein Zeichen von Verstorbenen ist.“ Jetzt erinnerte ich mich wieder. Ja das stimmt. Bei meinen Recherchen kamen auch solche Geschichten zu Tage: Das Plötzliche erscheinen eines Regenbogens. Viele haben von diesem unerklärlichen Phänomen berichtet. Ich hatte dies schon wieder vergessen, deswegen kam ich auch nicht im ersten Moment darauf.

Bedeutung eines Regenbogens in vielen Kulturen

Er gilt als Symbol für Harmonie, Ganzheitlichkeit, Naturschutz und als Zeichen der Verbindung zwischen Himmel und Erde. Viele bezeichnen ihn auch als **Treppe zum Himmel.**

Für meine Tochter und mich war nun klar, dass mein Vater uns ein Zeichen geschickt hat. Die Harmonie zwischen uns beiden während der Vorbereitung für das Gemeinsame Abendessen, würde dies vielleicht erklären. Es hat nicht lange gedauert, dann verschwand er auch wieder. Wäre meine Tochter nicht so aufmerksam gewesen, wäre uns ein Zeichen verloren gegangen. Ihr seht, es kommt auf die Feinheiten an. Sie hat mich bei der Vorbereitung etwas gefragt und ihren Kopf zu mir gedreht. Warum sie dabei nun aus dem Fenster geschaut hat, konnte sie mir nicht sagen. Vielleicht wurde sie gelenkt, anders lässt sich dieses handeln von ihr nicht erklären. Siehe da, auch dieses Zeichen hat funktioniert. Wir hätten es sonst nicht bemerkt. Wie ich schon im ersten Buch schrieb, bin ich zahleichen Gruppen bei getreten, um mich mit anderen aus zu tauschen. Das Thema Tod ist leider in unserer Gesellschaft immer noch ein Tabuthema. Mir persönlich tut dies sehr gut, meiner Seele freien Lauf zu lassen. Ein schönes Gefühl verstanden zu werden. In einer der Gruppen habe ich eine sehr nette Autorin kennengelernt. Sie schreibt wundervolle Gedichte. Ihr Name ist **Doreen Kirsche**. Eins ihrer Gedichte ist mir besonders ins Auge gefallen. Da wir gerade bei dem Thema Himmel sind, finde ich passt dieses Gedicht wunderbar hier rein. Ich bat sie um ihr Einverständnis, dies hier mit ein zu bringen. Mit lieben Grüßen von ihr, habe ich ihre Erlaubnis bekommen.

Der Brief aus dem Himmel

Ich schreibe heut, um dir zu sagen,

du darfst getrost ein Lächeln wagen

auch wenn es nur ganz zaghaft ist,

es zeigt wie wundervoll du bist.

Und diese Schönheit soll nicht leiden,

die Leichtigkeit nicht länger meiden,

nur weil ich dieser Welt entschwand

und fortging in ein anderes Land.

In diesem Brief, da schreib ich dir,

dass es mir wirklich gut geht hier,

der Himmel hat mich frei gemacht,

fürwahr ich hätt` es nicht gedacht.

Ich musste gehen, es sollte sein,

tauschte Körper gegen Flügel ein,

du nennst es Tod, ich nenn es Leben,

Verstehst du? Nur woanders leben....

Weine bitte nicht mehr weiter,

ich seh dich lieber froh und heiter,

ich seh dich lieber Herzhaft lachen,

weil Tränen ja nicht glücklich machen.

Seelisch bin ich dir geblieben,

ich habe diesen Brief geschrieben,

damit du loslässt, alle Last

und endlich eine Botschaft hast.

Ich liebe dich, das spürst du doch,

auch ich kann`s spüren,

immernoch ....

Weil Liebe niemals sterben kann....

Wir sehn uns wieder ..... irgendwann.

Ein wundervolles Gedicht. Herzlichen Dank an Doreen Kirsche. Am Ende sagt es uns immer das Gleiche. Die Seele ist unsterblich. Die Verbindung zwischen Himmel und Erde ist einzig alleine: **Die Liebe**

Der unvergessene Urlaub

Nun stand der Urlaub vor der Tür. Wieder eine sehr schwere Hürde für uns alle. Wochen vor der Abreise plagten mich sehr viele Ängste. Der Ort an dem mein Vater letztes Jahr für immer seine Augen schloss. Seine geliebten Berge. Kärnten = Viele Kindheitserinnerungen die mich sehr geprägt haben. Tage vor der Abreise sprach ich mit meinem Vater, und erzählte ihm von meinen Ängsten, und bat ihn um seine Hilfe. Seit seinem Tod hat er mir schon sehr viel Mut und Kraft gegeben.

Durch seine Zeichen habe ich vieles schon seelisch gut verkraftet, und auch einen Teil der Trauer verarbeitet. Nun kam der Tag der Abreise. Da ich so eine Entfernung noch nie selbst gefahren bin, machten wir Zwischenstopp in Rosenheim. Ein schönes Dreibettzimmer erwartete uns. Wir waren kaputt von der Fahrt, und beschlossen früh schlafen zu gehen. Mitten in der Nacht stand meine Mutter auf um zur Toilette zu gehen. Sie vergaß natürlich das Nachttischlicht an zu machen. Wir kennen das ja alle. Fremde Räume und man findet sich im Dunkeln nicht zurecht. In dem Moment wo sie im Zimmer herumirrte, ging plötzlich das Handy meiner Tochter an. Es lag auf dem Fernsehtisch der sich in der Nähe von der Toilette befand. Nun konnte sie problemlos zum WC gelangen. Am nächsten Morgen berichtete sie mir von dem Erlebnis und erzählte mir, „ Dein Vater hat mir immer Nachts das Licht angemacht, damit ich den Weg zur Toilette finde.“ Und wie ihr seht, hat er das wieder für sie gemacht. Durch das Aufleuchten des Handys, war Licht im Zimmer. Ich fand dass eine sehr schöne Idee von ihm. Gepflogenheiten gehen auch nach dem Tod weiter. Für sie war es ein schönes Zeichen. Für mich war das noch viel mehr. Mein Papa ist da, und reist mit uns mit. Ein beruhigendes Gefühl.

Frohes Mutes setzten wir uns ins Auto und fuhren die zweite Etappe der Strecke. Wunderschöne Berge und viele Tunnel erwarteten uns. Nach 3 ½ Stunden Fahrt kamen wir am Ziel an. Ich war so glücklich und stolz auf mich, dass ich es geschafft hatte. Viele können das vielleicht nicht verstehen. Aber dieser Urlaub löste nun mal sehr viele Emotionen und Ängste in mir im Vorfeld aus. Diese Strecke bin ich das letzte Mal mit meinem Vater **im Auto** gefahren, als ich Neunzehn Jahre alt war. Da kommen schon viele Erinnerungen hoch. Und dann auch noch die Umstände. Aber nun schauen wir positiv nach vorne.

Da uns noch viele wunderbare Zeichen erreichten, habe ich beschlossen, euch einfach alles zu erzählen. Ein kunterbunter Mix aus verschiedenen Phänomen. Lasst uns alle eintauchen in einen außergewöhnlichen Urlaub.

Nachdem wir die Autobahn verließen hielten wir beim Campingplatz an. Freudig wurden wir von meiner Schwester und ihrer Familie empfangen. Sie waren eine Woche vor uns angereist. Wir tranken zusammen einen Kaffe und berichteten von unserer schönen Fahrt. Nach Circa einer Stunde fuhren wir dann zu unserer Ferienwohnung und räumten das Auto aus. Als ich das Bad betrat um die Waschutensilien ein zu räumen, flackerte auf einmal eine Deckenlampe auf. Ich musste schmunzeln. Mein Vater befindet sich mit uns in der Wohnung. Kurze Zeit später sah auch meine Mutter dies beim betreten des Badezimmers. Auch sie erkannte es sofort, dass es ein Zeichen von ihm war. Ihr glaubt gar nicht wie schön das ist, das zu wissen. Es vermittelt einem soviel Freude. Ängste schwinden und unendliche Dankbarkeit kommt in einem auf.

Drei Tage nach unserer Anreise, beschlossen wir abends einen Sparziergang zu machen. Wir kamen an einer Tankstelle vorbei. Ich war so fasziniert von den günstigen Spritpreisen, und wollte unbedingt davon ein Foto machen. Aber ihr glaubt es jetzt nicht. Beim Blick durch die Kamera meines Handys spielte die ganze Anzeigentafel verrückt. Ich sah nur Striche die sich hin und her bewegten. Mein erster Gedanke war, „ Ich glaube ich habe zu lange in der Sonne gelegen. Ich habe einen Hitzestich.“

Ich bat meine Mutter und meine Tochter ebenfalls durch die Kamera zu sehen. Auch sie sahen das gleiche Bild wie ich. Gottseidank. Ich hatte schon an mir gezweifelt. Wir drei konnten uns das nicht erklären. Doch nach kurzer Zeit meinte meine Mutter dann, „Siehst du, Papa ist da und geht mit uns sparzieren.“ Nicht schlecht. Und wieder ein Zeichen von ihm!

Es ließ mir aber trotzdem keine Ruhe. Am nächsten Tag fuhr ich wieder zur Tankstelle hin, um es nochmal zu versuchen. Ich wollte einfach wissen, ob wir alles richtig gedeutet hatten. Ich stand vor der Säule und versuchte erneut ein Foto zu machen. Und **wieder** ging es nicht. Beim Blick durch die Kamera spielte die Anzeigentafel wieder verrückt. Das gibt es doch gar nicht. Wollte er mir nun sagen: Kind ich bin das wirklich? Auch ich habe Momente wo ich an meinem Verstand zweifle. Schade ich kann mich nicht selbst dabei sehen:). Bestimmt sieht das aber sehr witzig aus. Die dicke Sprechblase über meinem Kopf.

So sah das Ganze aus!!!

Da ich alles sehr genau nehme, rief ich nachmittags meinen Sohn an, und bat ihn von unserer Tankstelle von zu Hause ein Foto zu machen. Er konnte einwandfrei die Anzeigentafel mit seinem Handy fotografieren.

Meine Junge hatte keine Erklärung dafür, warum das bei mir nun nicht ging. **Nun** war für mich alles klar. Es lag auch nicht an meinem Handy. Denn dies hatte ich mir zwei Wochen vor der Abreise meines Urlaubes neu gekauft. Ein sehr außergewöhnliches Zeichen haben wir von meinem Vater erhalten. Sowas hatten wir in der Form noch nie. Er muss mit seiner Energie die Anzeigentafel manipuliert haben als ich durch die

Kamera schaute. Ich gebe echt zu, ich bin schon wieder sprachlos. Ach Papa, du bist echt der Beste! Immer wieder lässt du dir etwas Neues einfallen. Großartig!!

An demselben Tag starteten wir als Familie einen Ausflug. Ziel Burg Landskron am Ossiacher See. Da sie sehr hoch gelegen ist, stiegen wir drei bei meiner Schwester ins Auto. Ich habe einen älteren Wagen, und traute mich nicht den Berg hoch zu fahren. Alle schnallten sich ordnungsgemäß an und meine Schwester fuhr los. Oben angekommen piepte es plötzlich im Auto. Die Armatur zeigte an, dass ein Insasse nicht angeschnallt war. Sie fragte uns, ob einer von uns sich schon abgeschnallt hatte. Alle verneinten dies. Meine Mutter saß vorne und drehte den Kopf zu mir. Den Blick hättet ihr sehen sollen. Göttlich. Na wer das wohl war? :)

Nach dem Ausflug erklärte ich meiner Schwester, dass unser Papa mit im Auto war. Sie fing an zu lachen und meinte, „ Wo hat er denn gesessen? Das Auto war doch schon voll.“ Ich erklärte ich ihr den Hinweis. Innerlich freute ich mich so, denn durch das Piepen ist sie aufmerksam geworden und hat darüber nach gedacht. Es fehlte nur noch der kleine Wink. Wir Menschen sind sehr rational. Viele würden jetzt sagen ein kleiner Fehler in der Elektrik. Für mich und meine Mutter war aber klar, dass mein Vater beim Ausflug mit dabei war. Die ganze Familie war zusammen. Für ihn war dies immer das Größte. Da muss man doch gleich mal ein Zeichen schicken und mit mischen:).

Aber damit nicht genug. Oben auf der Burg wurde eine Flugschau veranstaltet von verschieden Adlerarten. Wir alle saßen in der prallen Mittagssonne, und schauten sie uns an. Kurze Zeit später wurde meiner Mutter auf einmal schwindelig und schlecht. Sie hatte das Gefühl, das sie gleich umkippt. In dem Moment kam ein kalter Windzug und sie fror auf einmal. Danach ging es wieder besser .Mein Vater hat auf sie aufgepasst, damit ihr nichts passiert. Vielen Dank Papa das du ihr geholfen hast. Ich selbst hatte dies nicht mit bekommen, denn ich saß Abseits von ihr. Wie ihr seht, wunderschöne Zeichen. Wo immer wir auch hingehen. Er begleitet uns und verbringt mit uns den Urlaub, wenn auch anders wie zuvor. Dann wollen wir doch mal weiter schauen, was uns noch alles erwartet.

Da wir immer sehr zeitig wach geworden sind, waren wir abends natürlich früh müde. An einem Abend passierte dann folgendes. Meine Mutter und ich teilten uns ein Doppelbett. Links von mir stand noch ein Einzelbett. In dem schlief meine Tochter. Den beiden Mädels fielen immer sehr schnell die Augen zu. Ich lag immer noch eine ganze Weile wach. Plötzlich spürte ich am Fußende meines Bettes eine Berührung. Es fühlte sich so an, als ob jemand meine Beine beiseite schieben würde, um sich dort hin zu setzen. Anders kann ich das nicht beschreiben. Ich bewegte mich nicht einen Zentimeter. Ich wusste aber sofort, dass mein Vater mit im Raum war. So eine ähnliche Berührung hatte ich schon einmal verspürt, als ich bei meiner Schwester zu Besuch war. Kurz danach schlief ich ein. Am nächsten Morgen erzählte ich meiner Mutter davon. Wir beide stellten fest, dass er im Urlaub sehr präsent ist.

Tag sieben brach an. Da es sehr bedeckt war, und wir nicht baden gehen konnten, schlug ich vor einen kleinen Ausflug zu machen. Das Ziel war die Burgruine Finkenstein. Mein Vater hat uns als Kinder viele Geschichten von ihr erzählt. Auch dies ist heute noch bei mir tief verankert. Wenn man dort oben steht, hat man einen wunderschönen Blick ins Tal. Einfach traumhaft. Kurze Zeit später beschlossen wir drei noch was zu trinken. Oben auf der Terrasse suchten wir uns ein schönes Plätzchen. Meine Mutter bestellte sich ein Eiskaffee, meine Tochter ein Wasser und ich eine Cola. Nach kurzer Zeit weinte ein kleines Baby am Nachbartisch. Ich drehte meinen Kopf nach links und sah die kleine Maus. Gut dass meine Kinder schon groß sind, war mein erster Gedanke. Ich wollte meinen Kopf gerade wieder zurück drehen, da sah ich auf einmal braune Flecken an meinem linken Oberarm. Was ist das denn? Wo kommt das denn auf einmal her? Ich bin doch nirgends gegen gelaufen. Auf einmal verspürte ich einen Geruch von Schokolade. Ich wischte es mit meiner Hand weg. Auch sie roch danach. Ich hielt meiner Tochter und meiner Mutter den Arm hin. Meine kleine erkannte ebenfalls den Geruch. Meine Mutter roch nichts. Nun muss ich dazu sagen, sie war auch etwas erkältet. Nach hin und her meinte sie dann, „Dein Vater hat immer gerne eine Eisschokolade getrunken. Dann hat er wohl an meiner genascht, und dir ein Küsschen auf den Oberarm gegeben.“ Nun wussten wir, dass er ebenfalls dabei war. Ich gebe zu ich war echt sprachlos, denn ich hatte keine Berührung an meinem Arm verspürt. Das ist schon sehr außergewöhnlich. Kurze Zeit später brachen wir auf. Die nächste Anlaufstelle war der Kanzianiberg. Ebenfalls ein wunderschöner Ort. Viele große Steinwände an denen Kletterer ihr Vergnügen haben. Die beiden Mädels saßen auf einer Holzliegebank und schauten sich die massiven Wände an. Ich war beschäftigt mit fotografieren. Erinnerungen muss man ja festhalten. Nachdem wir aufbrechen wollten, traute meine Mutter ihren Augen nicht. An einem ihrer Schuhe war sorgfältig ein Blatt unterm Schnürsenkel abgelegt worden. Selbst der Stiel des Blattes war sorgfältig eingerollt. Wie kommt das denn da hin? Hatte es sich beim Laufen dort verfangen? Wir mussten herzhaft lachen. Um auf Nummer sicher zu gehen, liefen wir den gleichen Weg zum Auto zurück. Wir stellten fest, dass es nicht möglich war. Die Äste der Büsche waren recht hoch und es war viel Geröll auf dem Weg. Es konnte kein Blatt hängen bleiben. Mein Vater muss es für sie dort abgelegt haben. Auch dieser Ort war für ihn ein ganz besonderer. Ich habe für euch wieder ein Foto gemacht. Das kann man doch schon wieder nicht in Worte fassen.:)

Schaut euch das Bild an. Wie ihr seht, sorgfältig unterm Schnürsenkel. Interessant auch der Stiel. Schön säuberlich eingerollt. Sieht gut aus oder? :)

Und wieder ein Zeichen seiner Anwesenheit. Es kommt auf die Kleinigkeiten an. Würden wir jetzt wieder rational denken, würden wir sagen es hat sich beim Laufen dort verfangen und nicht weiter darüber nach denken. Man muss die Dinge genau betrachten. Ich finde man sieht es eindeutig. Da hat jemand nach geholfen. Für uns bestand kein Zweifel. Der Ort war entscheidend. Oben auf dem Berg steht eine kleine Kirche. Vor dieser befindet sich eine Bank. Vor zwei Jahren haben meine Eltern dort ein Selfie gemacht von sich. Beide schauten sehr glücklich in die Kamera. Manchmal muss man einfach eins und eins zusammen zählen um auf die Antwort zu kommen. Ich kann es immer nur wieder sagen. Seid immer aufmerksam. Viele Dinge werden dadurch gleich in ein anderes Licht gerückt. Gegen frühen Nachmittag fuhren wir zur Ferienwohnung zurück.

Am nächsten Tag machten wir als gesamte Familie wieder einen Ausflug. Alle drei Kinder saßen hinten bei mir im Auto. Hinter dem Beifahrersitz hatte ich eine Decke auf dem Boden liegen. Ich wollte sie in den Kofferraum legen. Und ihr glaubt jetzt nicht was auf ihr lag. Ein Blatt ! Das Gleiche was meine Mutter am Schuh hatte, nur ein bisschen größer. Ich hatte schon wieder keine Erklärung dafür. Ich denke mal, dass es noch einmal eine Bestätigung war, dass wir das Zeichen am Vortag richtig erkannt hatten.

Tag Zehn brach an. Heute war mal ein Badetag angesagt Kein Regen und Gewitter in Sicht. Wir drei beschlossen zum Strand zu gehen. Meine Tochter ist eine echte Wasserratte und war nicht raus zu denken. Das war schon immer so. Nach circa einer Stunde kam sie zu mir gelaufen und fragte mich, ob ich ihr helfen könnte. Die Taucherbrille war ins Wasser gefallen, und sie konnte sie nicht mehr finden. Um zum See zu gelangen muss man auf einem Holzsteg laufen. Am Ende befindet sich eine Treppe aus Metall. Sie zeigte mir, dass die Taucherbrille zwischen den Stufen ins Wasser gefallen ist. Der Boden war schon etwas aufgewühlt und man konnte mit dem bloßen Auge nicht viel erkennen. Wir beide hockten auf den Stufen und schauten ins Wasser, um irgendetwas zu sehen. Vergebens! Plötzlich stiegen an der rechten Seite lauter kleine Luftbläschen auf. Wo kommen die denn jetzt her? Wir beide konnten uns dies nicht erklären. Es waren keine Fische zu sehen. Denn die schwammen dort immer entlang. Auch waren zu dem Zeitpunkt noch keine Badegäste in Sicht. Da der Boden an dieser Stelle sehr schlammig war, traute sich keiner von uns beiden dort zu tauchen. Dann kam ich auf die Idee Schilf zu nehmen. Der Stiel war sehr hart. Mein Gedanke war: So könnte es vielleicht funktionieren, sie so zu Gesicht zu bekommen. Wir hockten uns wieder dort hin und warteten ab. Nach kurzer Zeit kamen wieder die Bläschen zum Vorschein. Meine Tochter stocherte genau an der Stelle mit dem Schilf im Wasser herum. Und nach kurzer Zeit kam sie dann zum Vorschein. Aufmerksam sind wir nur durch die Blasen geworden die an die Wasseroberfläche kamen. Ich bin der festen Meinung, dass dies mein Vater war. Er hat seiner Enkelin geholfen die Brille wieder zu finden. Um auf Nummer sicher zu gehen bin ich an diesem Tag noch mehrmals zu den Stufen gegangen und habe nach geschaut. Es kamen nie wieder Blasen an dieser Stelle, und auch nicht an den nächsten Tagen. Meine Tochter und ich haben dieses Zeichen richtig gedeutet. Eine großartige Idee von ihm. So konnte sie weiter nach Herzenslust tauchen.

An diesem Abend gingen wir gemeinsam alle Essen. Ein wunderschöner Abend. Wir haben alle draußen gesessen und hatten immer den Blick zum Mittagskogel. Auf diesem Berg war ich mit meinem Vater und meiner Schwester als Kind. Da ist man, dem Himmel schon sehr nah.

Viele Erinnerungen kamen in mir hoch. Wir sehr wünscht man sich in dem Moment die Zeit zurück zu drehen. Aber es geht leider nicht mehr. Meine Schwester und ich beschlossen im nächsten Jahr mit unseren Kindern diesen Berg zu besteigen. Eine Erinnerung wieder aufleben lassen. Gegen 21.30 fuhren wir drei dann zurück zur Ferienwohnung. Meine Mutter öffnete die Balkontür um für frische Luft zu sorgen. Plötzlich rief sie mich und fragte mich ob ich die Polster auf einem der Stühle abgelegt hatte. Eine Polsterauflage war schräg an die Stuhllehne gelehnt. Sie war sich zu 100% sicher, das sie beide mit reingenommen hatte. Denn wir hatten sehr oft am späten Nachmittag starke Regengüsse und Gewitter. Sie sind dadurch einmal nass geworden. Ich selbst war mir ebenfalls zu 100 % sicher, das ich es nicht war.

Nun standen wir da mit unserem Talent und hatten keine Erklärung dafür. Plötzlich sah ich im Nachbarhaus wie das Garagenlicht anging. Niemand war zu sehen. An diesem Abend war es auch sehr windstill. Dort ist ein Bewegungsmelder eingebaut. Mir ist das schon mehrmals aufgefallen, immer wenn es windig war, ist das Licht dort angegangen. Meine Mutter sah es ebenfalls. Und gleich danach ging es wieder aus. Ich sagte ihr, „Nun haben wir die Antwort. Papa hat sie dort abgelegt, um sich bemerkbar zu machen." Dann stand sie auf und holte ihr Handy und meinte zu mir, „Komm wir fragen ihn." Sie öffnete das Diktiergerät. Um allen Geräuschen zu vermeiden, ging ich ins Badezimmer um mich bettfertig zu machen. Nach circa 5 Minuten kam sie mit ihrem Handy rein und meinte, „Hier geht doch schon wieder nichts mehr. Und speichern ist auch nicht möglich." Sie konnte die Aufnahme abhören. Es waren aber nur Geräusche drauf. Bei erneutem Start, spinnte das ganze Handy rum. Was sie auch drückte nichts ging mehr.

Daraufhin sagte ich ihr, sie möge doch nochmal versuchen den roten Aufnahmeknopf zu drücken.

In dem Moment wo das Band lief, erschien die graue Linie wieder in einem knallroten Ton. Ich hatte euch ja schon davon berichtet. Nun war auch dieses Zeichen mit den Polstern endlich besiegelt. Mein Vater hat zwar nicht gesprochen, aber durch die rote Linie wieder seine Liebe zum Ausdruck gebracht, und uns die Antwort gegeben. Alle Zweifel waren nun beseitigt. Es ist wirklich nicht immer einfach, das gebe ich offen und ehrlich zu. Man hat manchmal, das Gefühl, das man es vielleicht selbst war. Ich bin meinem Vater sehr dankbar, das er uns immer wieder hilft die Dinge auf zu klären. Es Bedarf halt noch viel Übung. In den Zehn Tagen ist schon viel passiert, und ich denke das haben wir schon ganz gut hin bekommen, alles richtig zu deuten. **Papa, sollte uns**

dennoch das ein oder andere Zeichen durch die Lappen gegangen sein, hab Nachsicht mit uns.

Die geistige Welt ist ein unfassbar großes Thema. Unsere fünf Sinne richtig zu trainieren um sie im richtigen Moment ein zu setzen, Bedarf nun mal sehr viel Übung.

Wir ihr seht, sind schon einige Geschichten zusammen gekommen. Da mein Vater ein sehr humorvoller Mensch war, habe ich für euch noch eine Abschlussgeschichte, die euch ganz sicher wieder zum Lachen bringt.

Tag Zwölf und der letzte Familienabend stand bevor. Wir beschlossen noch einmal essen zu gehen. Meine Schwester saß zwischen mir und meiner Mutter. So konnten wir drei Mädels uns angeregt unterhalten. Sie bestellte sich eine Pizza, meine Mutter ein Schweinefilet und ich einen Grillteller. Mein Neffe und meine Tochter aßen ebenfalls das gleiche Gericht wie meine Mutter. Nur anstelle von Pommes gab es bei den beiden Spätzle. Während wir alle so mit unserem Essen beschäftigt waren, meinten beide Kinder, dass die Nudeln nicht schmecken würden. Mein Schwager probierte zu erst und sagte, „ Das schmeckt nach Zitronengras.“ Meine Schwester legte ihr Besteck bei Seite und probierte ebenfalls bei beiden. Auch sie stellte fest, dass es nicht dem entsprach wie auf der Karte angegeben. Danach probierte sie die Soße bei meiner Mutter, denn sie hatte ja das gleiche Gericht. Auch die schmeckte nicht. Und jetzt ihr lieben kommt der Hammer. Nach dem meine Schwester bei allen dreien probiert hatte, nahm sie ihr

Besteck in die Hand, um ihre Pizza weiter zu essen. Plötzlich fing sie an zu lachen und kriegte sich nicht mehr ein. Die Gabel war komplett verbogen. Ein weiter essen war so nicht mehr möglich. Ich drehte meinen Kopf zu ihr und dachte mir, was hat sie denn nun. In dem Moment zeigte sie mir das völlig verbogene Besteck. Ich traute meinen Augen nicht, und kriegte mich ebenfalls nicht mehr ein. Nein also wirklich, mit so einer Gabel kann man nicht mehr essen. Daraufhin meinte sie zu mir, „ Das wäre jetzt ein Zeichen von Papa. Das ist ja wie bei Uri Geller (dem bekannten Magier). Ich habe die Gabel wirklich **nicht** angefasst." Jippih endlich ein greifbares Zeichen für sie. Ich erwähnte ja schon, dass sie eine Skeptikerin ist. Phänomenal!! Das hat gefruchtet. Er hatte wirklich nicht viel Zeit gehabt, um sie zu verbiegen. Würde ich jetzt eine Theorie aufstellen würde die wie folgt klingen:

Unsere Liebesten sind in der Lage in unsere Zukunft voraus zu schauen. Sie haben ja auch schon oftmals einen Unfall verhindert, um auf uns auf zu passen. Er muss bei den beiden Kindern die Spätzle, sowie die Soße bei meiner Mutter verändert haben, damit meine Schwester ihr Besteck ablegt, um den Probiervorganz zu starten bei den dreien :). Die Zeit nutzte er, um den Zustand der Gabel zu verändern, um für meine Schwester ein greifbares Zeichen ab zu liefern. Er hatte nur diese eine Chance. Und das ist ihm mehr als gelungen. Er war schon immer ein schlaues Köpfchen.

Wie ihr seht, ist er das immer noch. Ich finde keine schlechte Theorie von mir. Er hat den Abend voraus gesehen, und sich diese Idee ausgedacht. Hätte das Essen bei allen super geschmeckt, hätte meine Schwester ihre Pizza ohne Unterbrechung aufgegessen, und ihr Besteck nicht aus den Augen gelassen. Somit wäre es nie zum Verbiegen gekommen. Er musste den Zustand einfach ändern.

Papa, ich kann an dieser Stelle nur sagen: vielen, vielen Dank. Eine großartige Leistung von dir. So ein amüsantes Zeichen, hat den Abend mehr als unvergessen gemacht! Ich habe dich so lieb.

Für meine Schwester freute ich mich sehr.

Liebes Schwesterherz, da hilft auch kein rationales Denken mehr :) :).

Ich selbst stelle für mich immer wieder fest, wie fasziniert ich von der geistigen Welt bin. Ein großartiges Thema. Man sieht das ganze Leben mit anderen Augen. Die einzige Frage die ich mir immer wieder stelle ist: Warum habe ich mich nicht viel früher mit dieser Thematik beschäftigt? Ich kann es drehen und wenden wie ich will, ich habe keine Antwort dafür. So scheint wohl mein Seelenplan zu sein. Den, den wir alle haben.

Am Ende war die Gabel das Größte, was mein Vater im Urlaub gemacht hat. So herzhaft haben wir gelacht. Und wir alle drei haben dies sofort richtig zu geordnet. Für meine Mutter und mich was das das Wichtigste. Wir haben uns nichts sehnlicher gewünscht für meine Schwester.

Ich möchte gerne ein paar persönliche Worte an dich richten Schwesterchen. Ich bin unheimlich stolz auf dich. Ich weiß, wie schwer es ist, vieles zu glauben. Einiges ist auch wirklich nicht greifbar und nicht nach vollziehbar. Aber alles reale Zeichen von unserem Papa. Für mich bist du auf dem richtigen Weg. Du bist schon sehr aufmerksam geworden, und fängst an zu hinterfragen. Die ersten wichtigen Ansätze sind gemacht. Behalte diesen Weg bei. Du wirst sehen am Ende erwarten dich noch großartige Momente, die dich so herzhaft lachen lassen. Wie ich schon im ersten Buch erwähnte. **Aufgeben ist für mich keine Option**! Und glaub mir, Papa ist jetzt sehr stolz auf dich. Ich habe dich sehr lieb!

Nun sind wir am Ende des Urlaubes angelangt. Wie versprochen, ein kunterbunter Mix von außergewöhnlichen Phänomenen konnte ich euch erzählen. Mein Vater war wirklich in den 14 Tagen mehr als präsent. Er hat hier großartiges geleistet. Dank seiner Hilfe und der Zusammenhalt der Familie, ist dieser Urlaub unvergessen. Mir hat er meine Ängste genommen, und mir eine wunderbare Zeit geschenkt. Mich hat dies wieder sehr geprägt. Ich bin unendlich dankbar. Ich hatte und habe den besten Papa. Und nichts auf dieser Welt wird dies jemals ändern.

Hiermit verabschiede ich mich aus dem wunderschönen Kärnten. Im nächsten Jahr bin ich wieder dabei.

Ich freue mich schon sehr!!

Wenn es Zeit ist zu gehen

Wir Menschen kennen unseren Körper in und auswendig. Jede Veränderung nehmen wir bewusst war. Wir wissen am Ende, wann wir gehen müssen. Ich erzähle euch mal eine Geschichte, was ich bis heute nicht vergessen habe. Damals konnte ich noch nicht etwas damit anfangen.

Ich war 14 Jahre alt und war auf dem Geburtstag meines Vaters. Nach dem Kaffee trinken stand ich mit meinem Vater und meinen Opa am Stubenfenster. Wir schauten uns das Panorama an. Plötzlich sagte mein Opa zu uns beiden, „ Das werde ich nicht mehr wiedersehen." Wir nahmen diese Aussage natürlich nicht ernst. Was ja eigentlich vollkommen normal ist. Sechs Tage später erlitt er einen Herzinfarkt beim Aussteigen aus der Badewanne, und war sofort Tod. Er hat es gefühlt, dass sein Ende naht. Für ihn war wichtig diesen Moment noch mit zu nehmen. **Der Blick aus dem Fenster**.

Bei meinem Vater war es ähnlich. Auch er hat gewusst, dass sein Ende naht, und dass er gehen muss. Zwei Monate vor seinem Tod habe ich meine Eltern zum Grillen eingeladen. Beide haben hier übernachtet. Was sehr auffällig war, er ist immer wieder zu meinem Stubenfenster gegangen, und hat raus geschaut. Wie oft hat er zu mir immer gesagt, „ Du wohnst hier wirklich sehr schön." Ich wusste in dem Moment sofort, dass etwas nicht stimmt. Denn ich hatte noch das Erlebnis von meinem Opa vor Augen. Heute weiß ich, dass er sich hier bei mir verabschiedet hat. Es ging ihm um die Momentaufnahme. Die, die **ihn** glücklich gemacht hat. Nach dem er zu Hause ankam, hat er mich nochmal angerufen und mir gesagt, wie sehr es ihm bei mir gefallen hat, und hat sich bei mir bedankt. Im ersten Moment war ich sehr glücklich darüber, doch vom Herzen tat es weh. Ich hatte wieder das Bild vor Augen: **Der Blick aus dem Fenster**. Ich habe mir große Mühe gegeben, ihm das nicht zu zeigen. Auch hier wieder der Verdrängungsprozess. Man will es nicht wahr haben.

In meinem Beruf haben mir schon viele Menschen berichtet, wann sie gehen werden. Und sie haben alle Recht behalten.

Wir wissen ganz genau, wann wir in eine andere Welt übergehen werden. Eines Tages werden auch **wir** alle erfahren, wann unser irdisches Dasein zu Ende geht.

Es gibt sehr viele Merkmale wenn der Tod naht.

-soziale Kontakt werden gemieden

-Desinteresse an allem

- Hunger und Durstgefühl lässt nach

- Schlafphasen kommen immer mehr zum Vorschein

- trübe Augen, der Blick ins Leere

-Kräfte fangen an zu schwinden

-Erschlaffung der Muskulatur

-der Stoffwechsel wird heruntergefahren

- zum Ende hin, der Verlust des Bewusstseins

-Atmung wird flacher und unregelmäßiger

- Organe beenden ihre Funktion

-ganz zum Schluss hört das Herz für immer auf zu schlagen

Ihr seht es ist eine ganze Menge. Dinge die wir als Angehörige nicht übersehen können. Diese Merkmale werden in der Medizin in verschiedene Sterbephasen eingeteilt. Niemand kann voraus sagen, wie lange eine Phase am Ende anhält. Deswegen ist es so wichtig das wir als Angehörige für unsere Liebsten in den letzten Wochen/ Tagen und Stunden für sie da sind. Ein haltende Hand ein paar liebevolle Worte helfen dem kranken Menschen sehr auf seinem letzten Weg. Ich bin meiner Mutter und meiner Schwester sehr dankbar. Die beiden haben sehr viel Stärke bewiesen und haben meinen Papa zur Seite gestanden. Und das ist weiß Gott keine einfache Sache. Meinen großen Respekt an meine beiden Mädels. Ich bin sehr stolz auf euch.

Ich selbst konnte es nun nicht. 1000 km von ihm entfernt haben dies einfach unmöglich gemacht. Noch heute kommt das immer wieder bei mir hoch. Etwas was ich noch nicht überwunden habe. Aber es gibt etwas, was mich sehr, sehr geprägt hat.

Einen Tag vor seinem Tod, lag ich abends im Bett und verspürte eine starke Unruhe. Ich schloss meine Augen und sah ihn kurze Zeit später vor mir. Er lag im Krankenbett auf dem Rücken. Ganz friedlich und hatte diese Atemaussetzer. Ich muss an der Zimmertür gestanden haben. Gesehen habe ich ihn nur im Bett von der Seite, und ein Fenster war zu erkennen. Alles andere drum herum war dunkel. Ich habe es noch genau vor Augen. Ich machte meine Augen auf und war fix und fertig, und fing an zu weinen. Zu diesem Zeitpunkt konnte ich mit dieser Situation nichts anfangen, denn ich wusste es ja nicht besser. Heute weiß ich, dass mein Vater mich geholt hat, um ihm noch mal nah zu sein. Über Telepathie hat er es mir ermöglicht. Von solchen Erlebnissen haben schon viele berichtet.

Ich bin traurig darüber, dass ich erst jetzt von all den Dingen weiß. Ich hätte ihm gern noch mal etwas gesagt. Aber das konnte ich nicht mehr. Ich habe es einfach nicht gewusst. Bedeutende Dinge werden einem erst später klar. Ich kann das leider nicht mehr rückgängig machen. Aber ich kann diese Erfahrung für meine Zukunft mit nehmen. Ich bin genau so wie ihr, immer noch in der Lernphase. Es scheint ein schweres Fach zu sein: **die geistige Welt zu verstehen.**

Ihr seht, es ist manchmal nicht einfach. Habt mit euch Geduld, und gebt euch die Zeit die ihr braucht um Dinge richtig zu erkennen. In all diesen Geschichten stecken viele kleine Details, die am Ende die Antwort geben die wir brauchen, um alles zu verstehen. Das passiert nicht von heut auf morgen. Aber lernen macht auch Spaß. Es ist keine trockene Theorie, im Gegenteil es findet alles in der Praxis statt. Wenn wir alle weiter fleißig lernen, dann bekommen wir in dem Fach: **Geistige Welt** = Eine Eins

Und nun alle ran an die Hausaufgaben! Wir wollen doch eine gute Note bekommen. Und ratet mal wer dann besonders stolz auf euch ist?

Antwort= Eure Liebsten

Der Sinn des Lebens

Mir ist durch den Tod meines Vaters vieles klar geworden. Schlimm genug, das erst der Verlust mir das vor Augen führen musste. Ich kann es nun nicht mehr rückgängig machen. Aber ich kann es **jetzt,** besser machen. Wir Menschen lieben das Leben, und dies ist auch weiter nach dem Tod so. Ein Ende wird es nie geben. Wenn wir alle in den Himmel kommen, erwartet uns eine Lebensrückschau. Wir gucken uns alle ungeschminkt selbst ins Gesicht. All die Dinge die wir hier auf Erden erlebt und gemacht haben, werden uns vor Augen geführt. Ob positiv oder negativ. Ebenfalls wird uns gezeigt, wie wir mit unseren Mitmenschen um gegangen sind. Dabei sehen wir, wie **sie** in dem Moment gefühlt haben.

Fehler machen wir alle. Wir können es einfach nur besser machen. Unsere Aufgaben hier auf Erden sind: Liebe zu empfangen, und Liebe zu geben. Bei jedem einzelnen, den wir in unserem Leben begegnen. Gutes tun ist etwas was viele Menschen noch lernen müssen. Nicht umsonst gibt es immer noch Kriminalität in jeglicher Form. Aber wir können daraus lernen. Unser Leben hier hat einen Sinn. Wir alle müssen es selbst betrachten und dies für uns hinterfragen. „Was hat dieser Moment dieses Gefühls, mit mir selbst zu tun?"

Unser tägliches Leben ist wie das Besuchen in einer Schule. Jeden Tag drücken wir die Schulbank. Wenn wir bestehen, kommen wir eine Klasse weiter. Unser irdisches Dasein ist ein wunderbares Geschenk. Wir bekommen einen Körper, um uns fort zu bewegen. Fünf (Sechs oder Sieben) Sinne um uns im Alltag zu Recht zu finden. Nun liegt es an jedem selbst, was wir daraus machen. Wir haben eine Menge zur Verfügung. Das ist uns, glaub ich gar nicht richtig bewusst.

Wir sollen aus unserem Leben ein Kunstwerk machen. Lachen, singen und glücklich sein. Im Moment leben und dieses genießen. Glücklich sein ist eine Entscheidung die wir selbst mit Disziplin üben müssen. Im Hier und jetzt Leben!!

Einmal können wir uns entscheiden. Loslaufen und die Welt erforschen. Spaß am Leben haben und glücklich sein. Die zweite Variante wäre, still in der Ecke sitzen und alles über uns ergehen lassen. Am Ende bleiben viele Fragen offen. Wir haben zwei Wege, aber nur einen Ausgang. Und nun überlegt euch welchen Weg ihr einschlagen möchtet.

Unsere Verstorbenen zeigen uns in einer Form, dass sie für uns da sind und uns beistehen. Aber **eins** tun sie besonders. Das wir auf Dinge achten sollen, die vorher nicht wirklich eine große Bedeutung für uns hatten. Sie sind uns einen Schritt voraus, denn sie haben verstanden was der Sinn des Lebens ist. Ein ewiger Kreislauf. Ihr seht am Ende ist alles ganz einfach und wir können dankbar darüber sein, das unsere Liebsten uns das vor Augen führen. Und wenn wir jetzt mal ehrlich sind. So viel müssen wir gar nicht tun. Oder? Wir müssen uns nur entscheiden: zwischen der Liebe oder der Angst. Beide haben eine Unterschiedliche Bedeutung.

Liebe: Sie ist kein Gefühl, sondern ein allgegenwärtiger Zustand. Sie ist die Urkraft des Universums, die Schöpfungskraft.

Angst: Grundsätzlich ist alles Angst, was nicht in der Liebe ist. Sie ist der Gegenpol dazu. Die meisten haben Angst vor Verlusten, Angst zu versagen, Angst vor Ablehnung usw. Eine ganze Menge.

Am Ende müssen wir uns alle die Frage stellen, wie wir unser Leben in Zukunft gestalten wollen. Ich finde es liegt klar auf der Hand. Die Liebe, ist der richtige Weg. Dazu gehört aber auch, dass wir lernen müssen uns selbst zu lieben. Ein Grundbaustein, der als aller erstes gesetzt werden muss, damit das Fundament stehen kann. Alles weitere, wird nun darauf errichtet. Wir erschaffen unser eigenes Denkmal! Ich finde, das ist eine sehr schöne Idee. Denn sind wir mal ehrlich: Das Beste Monument des Menschen, ist **der Mensch selbst.**

Wie ihr seht, die nächste Hausaufgabe steht vor der Tür. **Fach: Werken/ Basteln kreativ sein.**

Ich wünsche jedem von euch gutes Gelingen!!!!

Schade, das wir uns alle im hier und jetzt nicht sehen können. Mich persönlich würde sehr interessieren, was ihr aus euch gemacht habt. Was für wunderbare Kunstwerke ihr alle ins Leben gerufen habt. Dies bleibt für mich ein Geheimnis:). Aber eins weiß ich. Wir werden uns alle wiedersehen. Und dann bin ich besonders gespannt auf euch :) Ich freu mich schon!

Kleine Zusammenfassung

Zum Schluss würde ich gerne wieder alles zusammenfassen. Euch noch mal stichpunktartig vor Augen führen, was wir bis jetzt wieder alles dazu gelernt haben.

1. **Aufmerksamkeit**-Sie versuchen sich in jeder Form bemerkbar zu machen. Das kann z.B. das Umfallen, oder herunterfallen eines Gegenstandes sein.
2. **Geräusche-**lauter Knall, Klopfgeräusche und

   der gleichen bringen uns zum Nachdenken. Oftmals werden subtile Zeichen nicht erkannt. Diese gehen meist mit einem Geräusch einher.
3. **Tiere-** Ungewöhnliche Verhalten verschiedener Tierarten lassen uns Nachdenken. Geht mit offenen Augen durchs Leben und nimmt euren Alltag bewusster wahr.
4. **Geschenke**- Wir bekommen sehr oft verschiedene Arten, von Geschenken von unseren Liebsten als Zeichen der Dankbarkeit. Dies sind z.B. Münzen, Steine oder weiße Federn.
5. **Musik-**Nimmt die Musik bewusster wahr. Achtet auf den Text. Erinnert euch, ob dies ein Lieblingssong eurer Liebsten war.

6. **Berührungen-**Sie können ganz unterschiedlich sein. Kleine Merkmale wie kribbeln auf der Haut, Wärme/Kälteempfinden lassen uns körperlich spüren, das sie bei uns sind.
7. **Licht-**Das Spielen mit dem Licht ist eins der Lieblingszeichen. Kerzen, Glühbirnen, Lichterketten führen ein Eigenleben. Nicht alles ist immer rational erklärbar.
8. **Erleben der Gegenwart-** Die Wahrnehmung wird verstärkt, wenn sie sich im Raum befinden. Die Atmosphäre verändert sich. Dies nehmen wir auch bewusst war. Haben oft aber keine Erklärung dafür.
9. **Hilfestellungen im Alltag-** Sie sind jeden Tag um uns herum. Sie sind immer hilfsbereit und helfen wo sie nur können. Plötzliches Wärmeempfinden / nehmen von Ängsten lass uns spüren, dass sie uns zur Seite stehen.
10. **Zahlen/ Engelszahlen-** Ungewöhnliche Zahlenabfolge sollen uns erinnern, lassen. Sie befinden sich täglich vor unseren Augen. Sichtbar an Plakaten, Autokennzeichen und dergleichen.
11. **Begegnungen-** Sie begegnen uns, wenn wir nicht damit rechnen. Das ist auch bewusst so geplant, denn diese werden oftmals besser verkraftet. Sie hinterlassen immer einen bleibenden und glücklichen Eindruck.

12. **Gegenstände-** Das Spielen mit den Gegenständen. Wir hatten früher alle Lieblingsspielzeug. Wir haben viel Zeit und Liebe in diese Dinge gesteckt. Schaut nach dem Tod, kommt dies wieder zum Vorschein:).

13. **Technik-** Sämtliche elektrischen Geräte können verrückt spielen. Kaffemaschinen, Handys, Fernseher usw. Sie führen ein interessantes Eigenleben.

14. **Duft-** Wie auch im ersten Buch kam er wieder zum Vorschein. Ein Zeichen was unverkennbar ist. Das Parfüm wird immer wieder wahrgenommen und auch richtig zugeordnet.

15. **Stimmen-** Einer der Außerordentlichsten Phänomene. Einfache Diktiergeräte nehmen Dinge auf, die uns beim Abspielen sprachlos machen.

16. **Zeichen des Himmels-** Es erscheint plötzlich ein Regenbogen, ohne dass es geregnet hat. Wolken formen solche Gebilde, ein Herz, ein Engel, ein Mensch und der Gleichen. Ihr könnt euch sicher sein, das dies ein Gruß von euren Liebsten ist. Der Himmel ist und beliebt ein beindruckendes Naturspiel.

Resultat

Viele unglaubliche Möglichkeiten kommen am Ende wieder zusammen. Ihr seht, das ist eine ganze Menge. Mir ist bewusst, dass ich nicht jeden erreichen kann, auch wenn ich mir das von Herzen wünschen würde. Am Ende war mir einfach wichtig, euch vor Augen zu führen worauf es im Leben ankommt. Unser Alltag ist sehr schnelllebig. Vieles geht durch Stress und Ärger einfach unter. Und wenn dann noch ein Verlust eintritt, bricht alles zusammen. Aber ihr seht, das Leben bietet uns **so viele** schöne Dinge. Selbst der Tod wird dadurch in ein ganz anderes Licht gerückt. Wer hätte das gedacht. Für **mich,** ist eine kleine Welt entstanden, wo ich mich mit meinem Vater treffe. **Jenseits aller Worte.**

Nimmt diese Zeichen voller Dankbarkeit an. Richtet euer Augenmerk, auf die kleinen Dinge. Ihr selbst habt es in der Hand. Der Tod und das Leben sind zwei Tore mit dem gleichen Ziel. **Die Liebe.** Ich bin fest davon überzeugt, dass ihr es alle schafft in eine andere Welt ein zu tauchen. Eure Liebsten helfen euch dabei. Ich habe euch nur vorgegeben, worauf ihr achten müsst. Meine Aufgabe ist hiermit erfüllt.

Abschließend würde ich gerne noch etwas sagen. Einige dieser Zeichen kamen in ähnlicher Form schon im ersten Buch vor. Das schwierige beim Schreiben ist, man darf sich nicht wiederholen, damit sich der Leser nicht langweilt. Dessen bin ich mir bewusst. Aber manchmal lässt sich das nicht ganz vermeiden. Doch haben am

Ende alle Geschichten ein anderen Anfang, sowie ein anderes Ende. Es zählt der Moment, was sie bei uns allen ausgelöst haben.

Für jeden einzelnen von euch wünsche ich nun wundervolle, außergewöhnliche Momente mit euren Liebsten. Genießt jeden Augenblick den ihr geschenkt bekommt. Alle Zeichen zeigen euch, dass ihr nicht traurig sein müsst. Im Gegenteil. Wir sind alle nur durch einen dünnen Schleier voneinander getrennt. Und am Ende, werden wir alle wieder miteinander vereint sein. Ich finde, das ist ein wunderbares Wissen. Drum lasst uns jetzt hier auf Erden, über jeden Tag dankbar sein den wir im irdischen Leben geschenkt bekommen. Denn unser Leben hat nun einmal ein Ablaufdatum. Vergesst niemals:

Die Liebe ist das Schlüsselwort für alles!!!!

Nachwort

*Nun sind wir am End*e angelangt. Die Reise ins Jenseits ist hier beendet. Wie ihr seht sind unsere Liebsten immer um uns herum. Außergewöhnliche Zeichen machen unser Leben noch wunderschön und unvergessen. Allein euer Herz fühlt, ob es mit diesen Hinweisen im Einklang ist. Die Wissenschaft und Quantenphysik brauchen wir dafür nicht. Mein Vater hat mir sehr geholfen, und mir ein ganz besonderes Wissen in meine Hände gelegt. Das Leben nach dem Tod! Ich habe es nun, an euch weitergegeben mit dem Auftrag euch zu helfen. Wir sind in unserem Leben nicht ohne Grund da. Wir sind hier, um voneinander zu lernen.

Mir hat mal jemand gesagt: „Die wunderbaren Geschichten und Erlebnisse, die ich hatte, werden die Energie meines Vaters, immer am Leben erhalten. Somit mache ich ihn unsterblich."

Etwas möchte ich nochmal hinzufügen. Ich gebe zu ein Buch zu schreiben ist nicht einfach. In meinem ersten, fehlt ein Inhaltsverzeichnis sowie Seitenzahlen. Auch **ich,** muss erst lernen in diese neue Aufgabe hineinzuwachsen. Es ist ja noch keine Meister vom Himmel gefallen. Wie ihr seht, habe ich dazu gelernt.

Kleine Veränderungen geben schon ein **ganz** anderes Gesamtbild ab. Fotos sollen euch nach wie vor, wieder alles verständlicher machen. Ich möchte einfach natürlich bleiben, sowie in meinem realen Leben auch.

Alles was hier drin steht, und auch in meinem ersten Buch, entspricht der Wahrheit. Sollte euch dennoch der ein oder andere Fehler auffallen, bitte ich um Nachsicht. Wie sagt man so schön: **„No Body is perfect!“**

Ich wünsche nun jedem einzelnen von euch alles erdenklich Gute. Viel Kraft für die traurigen Stunden die noch vor euch liegen. **Eins** dürft ihr aber dabei nicht vergessen. Geht mit offenen Augen durchs Leben und fühlt mit eurem Herzen, denn nur so taucht ihr ein, in die wunderbare Jenseitswelt

Herzlichen Dank Eure Michaela

Danksagung

Nun möchte ich noch gerne ein paar persönliche Worte an alle richten, die mich unterstützt haben. Ein großes **Dankeschön** an meine gesamte Familie. Eure Geschichten machen dieses zweite Buch wieder so außergewöhnlich. Besonderen Dank an die Jüngeren. Ihr seid großartig. An euren Geschichten hatte ich besonders viel Freude sie niederzuschreiben. **Danke,** dass ihr alle an mich glaubt, und mir wieder dabei helft bei der Verwirklichung.

Ebenfalls möchte ich mich bei meiner Freundin, und bei meiner persönlichen Coverdesignerin **bedanken.** Beide haben viel Zeit für euch investiert, um dieses Buch so großartig zu gestalten.

Des Weiteren möchte ich mich bei dem gesamten Kindle Direct Team von Amazon **bedanken.** Eine großartige Idee habt ihr ins Leben gerufen. **Selbstpublishing!!!** Falls **ihr** alle irgendwo noch Schätze vergraben habt, holt sie raus und lasst sie in einem Buch zum Leben erwecken. Ich kann dies nur wärmstens empfehlen.

Aber zum Schluss kommen wir zu der wichtigsten Person in diesem Buch. Die Hauptperson: Mein Vater!

Lieber Papa!

Vor einem Jahr habe ich dich verloren. Es tat so unfassbar weh. Du warst der wichtigste Teil in meinem Leben, und bist es noch heute.

Du hast mir aber die Augen geöffnet. Mir gezeigt, dass du weiter für mich da bist. Das ich nicht ohne dich sein muss. **Ich** bin so wahnsinnig stolz auf dich. Du hast mir etwas Wundervolles in meine Hände gelegt. Das Wissen, das es ein Leben nach dem Tod gibt. Durch dich habe ich den Mut bekommen, dies in Zeilen niederzuschreiben. Zwei wundervolle Bücher sind dadurch ins Leben gerufen worden, **dank dir**. Jede Sekunde, die du mir schenkst, machst du **mich** zu einer sehr glücklichen Tochter.

Während des Schreibens, musste ich wirklich sehr viel lachen. Du schaffst es immer wieder. Mich hat das hier sehr geprägt, und hat mir eine andere Sichtweise aufgezeigt. Wenn ich jetzt einen Wunsch frei hätte, würde ich dir gerne, nochmal alles **persönlich sagen.** Dich umarmen und dir meine Liebe zum Ausdruck bringen. Aber ich weiß, dass das nun nicht mehr geht. Wenn ich mal traurig bin rufe ich mir, alle schönen Momente, die wir miteinander hatten, aus meinem Gedächtnis ab. Und schon muss ich wieder lachen:).

In ewiger Liebe Deine Tochter !

Anmerkungen

1. Zitat von Laozi — Seite 11
2. Zitat von Astrid Lindgren — Seite22
3. Hubertus Garnier — Seite23
4. Zitat von Wilhelm Busch — Seite33
5. Zitat von Artinger, Heidi Marie — Seite58
6. Autor unbekannt — Seite59
7. Theodor Fontane — Seite76
8. Friedrich Jürgenson — Seite90
9. Doreen Kirsche — Seite98

Printed in Poland
by Amazon Fulfillment
Poland Sp. z o.o., Wrocław

67990144R00076